JOHN BAILEY

Das Kosmos Buch vom
Angeln

JOHN BAILEY

Das Kosmos Buch vom Angeln

Sichere Techniken,
erfolgreiche Taktiken und
Insider-Tipps für alle Gewässer

KOSMOS

Inhalt

Aus dem Englischen übersetzt von AMS Autoren- und
Medienservice / Samira Goth
Titel der Originalausgabe: John Bailey's Complete Guide to Fishing –
The Fish, The Tackle & The Techniques
Erschienen bei New Holland Publishers (UK) Ltd unter
ISBN 1-85974-735-3
© 2001 New Holland Publishers (UK) Ltd

Mit 252 Farbfotos und 27 Farbzeichnungen von
Steve Gorton und John Bailey

Umschlag der deutschsprachigen Ausgabe von
F. Steinen-Broo, eStudio Calamar unter Verwendung von
fünf Aufnahmen von Steve Gorton / John Bailey

Die Deutsche Bibliothek – CIP-Einheitsaufnahme
Ein Titelsatz für diese Publikation ist bei der
Deutschen Bibliothek erhältlich

Informationen senden wir Ihnen gerne zu

Bücher · Videos · Kalender · Experimentierkästen · Spiele · Seminare
Angeln & Jagd · Astronomie · Eisenbahn/Nutzfahrzeuge · Garten und
Zimmerpflanzen · Heimtiere · Kinder & Jugend · Natur · Pferde & Reiten

KOSMOS Postfach 10 60 11
D · 70049 Stuttgart

TELEFON +49 (0)711-2191-0
FAX +49 (0)711-2191-422
WEB www.kosmos.de
E-MAIL info@kosmos.de

Für die deutschsprachige Ausgabe
© 2001, Franckh-Kosmos Verlags-GmbH & Co., Stuttgart
Alle Rechte vorbehalten
ISBN 3-440-08920-7
Projektleitung: Hartmut Kuhlmann
Lektorat: Klaus Klugmann
Layout und Satz: TypoDesign, Radebeul
Druck und Bindung: Kyodo Printing Co. Ltd.
Printed in Singapore

Vorwort

Ich angele seit meinem vierten Lebensjahr. Zu meinen frühesten Erinnerungen zählt, wie ich als kleiner Junge neben meinem Großvater am Ufer der Themse saß und mit einer alten Teleskop-Rute Barsch und Laube fing.

Das Wasser hat mich immer unwiderstehlich angezogen. Jeder kleine Bach, jedes Rinnsal will erforscht sein. Ich kann über keine Brücke gehen, ohne anzuhalten und hinunter zu spähen, in der Hoffnung, wenigstens einen Blick auf die Schattenbewohner im Becken darunter zu erhaschen.

In diesem höchst anregenden und überaus informativen Buch zeigt Ihnen John Bailey, wie Sie solchen – und vielen anderen – Fischen mit größerer Aussicht auf Erfolg nachstellen können. Ein Buch über Freizeitsport oder Hobby sollte immer anregen und ermutigen, aber auch unterrichten. All das und noch viel mehr tut dieses Buch, mit seinen tollen Bildern und der ansteckenden Begeisterung, mit der Bailey über das Angeln schreibt.

John Bailey gehört zu jener besonderen Gruppe von Autoren, denen es nicht genügt, endlose Litaneien technischer Details und Fakten über die Größe von Fisch und Köder, Blei, Schnur und Haken herunter zu spulen. Er vermag es, eindringlich die Ruhe der Umgebung, die Gewässer selbst und die wildlebenden Tiere und Pflanzen zu beschreiben – alles Dinge, die genauso wesentlich zum Vergnügen gehören wie das Angeln selbst.

Das ist eine Gabe, die unter Angel-Autoren leider immer seltener wird. Hier begegnen wir einem Menschen, der das Fischen offensichtlich liebt, der seinen großen Wissensschatz teilen möchte, aber auch eine Reihe kleiner, persönlicher Tipps weitergeben will, die er sich über Jahrzehnte beim Angeln in den unterschiedlichsten Gewässern und bei jedem Wetter mühsam erarbeitet hat.

Dieses Buch sollte Neulinge des Angelsports auch dazu anregen, Interesse und Einfühlungsvermögen für ihre Beute zu entwickeln, so, wie es frühere Generationen von Anglern nicht immer für nötig hielten. John Bailey hält sich nicht lange mit Setzkeschern, Haken mit Widerhaken oder mit Lebendködern auf. Die Fische, die er fängt, sind besser dran: Sanft entlässt er sie wieder in das Wasser, aus dem sie gekommen sind.

Auf diesen Seiten finden Sie grundlegende und zuverlässige Informationen zu allen Bereichen dieses Sports, ganz gleich, ob Sie mit Köder, Fliege, Pose oder im Salzwasser angeln wollen. Ich bin ziemlich sicher, dass Sie bald neugierig werden, alles auszuprobieren, worüber Bailey schreibt, und das sollten Sie auch tun. Forelle, Karpfen, Schleie oder Steinbutt – sie alle lohnen die Mühe!

Tauchen Sie in dieses wunderbare Buch ein – es ist wirklich für jeden etwas dabei – und gehen Sie dann hinaus ans Ufer und angeln Sie. Ich bin sicher, Sie werden es nicht bereuen. Viel Glück!

Chris Tarrant ist als Fernseh-Showstar in ganz England berühmt. Angelfischer wissen, dass er außerdem ein passionierter Angler ist, der sich für seine Leidenschaft immer wieder öffentlich engagiert.

CHRIS TARRANT

MODERNES
ANGELN

Modernes Angeln

ICH GLAUBE NICHT, DASS SIE ES JEMALS BEREUEN WERDEN, DAS ANGELN ALS
ZEITVERTREIB BEGONNEN ZU HABEN – DEN SPORT, DER MEINEM EIGENEN
LEBEN SO VIEL ZIELSTREBIGKEIT UND RICHTUNG GEGEBEN HAT.

▼ **DER MÄCHTIGE TORMAHSEER**
*Reisen gehört im 21. Jahrhundert unbedingt zur
Welt des Angelns. Ein reisender Angler kann in
vielen Flüssen des indischen Subkontinents
schöne, silberne Tormahseere wie diesen fangen.*

Das Schöne am Angeln ist seine
Vielfalt. Man weiß gar nicht, wo man
mit dem Schwärmen anfangen – oder
aufhören – soll. Vor allen anderen
Dingen führt einen das Angeln in die
herrlichsten Gegenden. Ich blicke auf
vierzig Jahre leidenschaftlichen Angelns zurück und denke an die wunderschönen Stellen, die ich besuchen
durfte: Seen von absolutem Frieden
und Ruhe, schäumende Flüsse voller
Vitalität und Leben, einsame Marschen,
Bäche, die aus schneebedeckten Bergen entsprangen. Herrliche Sonnenauf-
und -untergänge. Ich denke auch an die
phantastischen wilden Tiere, die ich

Fischen mit höchster Konzentration an einem Forellen- und Lachsfluss bei Exmoor in England. Eine Gruppe kleiner Sommerlachse ist aufgestiegen und steht nun in einem tiefen verträumten Becken, wo man selbst bei vollem Sonnenschein in Versuchung geraten könnte.

gesehen habe – Eisvögel, die sich tatsächlich auf meiner Rute niederlassen, Dachse, die mir fast das Brot aus der Hand fressen, als die Abenddämmerung einsetzt. Einen Otter, der im Morgenlicht flussabwärts pfeift. Und wenn ich im Ausland zum Angeln unterwegs war: das Grummeln eines Bären, das Trompeten eines Elefanten oder das atemberaubende Herabstürzen von Fischadlern.

Angeln fördert auch Freundschaften. Ich habe ein Adressbuch, das randvoll gepackt ist mit den Anschriften wunderbarer Gefährten aus Vergangenheit und Gegenwart. Männer – und Frauen –, mit denen ich manche der herrlichsten Zeiten meines Lebens geteilt habe, draußen im Freien am Wasser, oft unterm Sternenhimmel und am Lagerfeuer. Man tauscht Geschichten aus, gibt Theorien zum Besten und spinnt Ideen aus. Gelächter. Miteinander geteilte Erfolge. Gemeinsame leidenschaftliche Interessen. An dem alten Sprichwort von der „Bruderschaft der Angel" ist etwas dran: Es spielt keine Rolle, wo man angelt, zu Hause oder weit weg, man findet Freunde, die man nie vergisst.

◀ **EIN SCHOTTISCHER SEE**

Die aufgehende Sonne über diesem herrlichen See wird das Wasser erwärmen, eine Fliegenbrut zum Schlüpfen bringen – und bald ist es der Himmel auf Erden für Forellenangler.

Angel-Erfahrungen

Das Angeln wird oft falsch eingeschätzt: als ein erholsamer, nicht als ein anstrengender Sport. Aber wenn man mittendrin steckt, stellt man fest, dass man beim Angeln genau so viele körperliche Fertigkeiten lernen muss wie beim Fußball, Baseball oder Golfen.

Zu lernen, wie man einen Kunstköder bewegt – die Imitation eines Fischs aus Holz, Plastik oder Metall –, sodass er einem lebendigen, kämpfenden Fisch gleicht, kann eine echte Herausforderung sein. Man lernt auch, einen Schwimmer umherzubewegen – das heißt, man lässt ihn etwa 90 m oder länger mit der Strömung treiben –, behält aber vollständig die Kontrolle. Sie werden die Aufregung erleben, die Bewegungen der Schnur auf einen anbeißenden Fisch hin zu prüfen und alle Signale, die durch sie übermittelt werden, zu interpretieren. Kurzum, Angeln ist ein aktiver, bewegungsfreudiger Sport und der Angler des 21. Jahrhunderts ist jemand, der wirklich mit dem Strom schwimmt und aktiv fischt. Er ist weit entfernt vom Stereotyp des Sandwich-Futterers, der an seinem Picknickkorb festgewachsen ist.

Sie werden auch herausfinden, dass die Ausrüstung selbst, die Werkzeuge für das Sporthandwerk, äußerst schön sein kann, von ausgezeichneter Kunstfertigkeit. Moderne Ruten sind atemberaubend federleicht. Wenn man Glück hat und eine gute Wahl trifft, kann man ein richtiges Verhältnis zu seiner Rute, Rolle und den Schwimmern aufbauen und Vertrautheit entwickeln. Die physische Genugtuung, Ihre Ausrüstung richtig zu gebrauchen, wird Ihnen viel Freude machen. Vielleicht werden Sie von künstlichen Fliegen fasziniert oder fangen sogar an, Ihre eigenen zu binden. Und plötzlich werden die langen, kalten Winterabende zu goldenen Zeiten, an denen man den Geruch warmer Sommerabende zu spüren glaubt.

▲ **GRÖNLAND-TRAUM**
Hier zeigt sich die ganze Dramatik Grönlands. Dieser Angler ist von einem kämpfenden Seesaibling in die Stromschnellen hinausgezogen worden. Je wilder der Fisch, desto schwieriger ist der Kampf.

▼ **UNTERWEGS**
Viele Angler ziehen es vor, mit wenig Gepäck zu reisen. Sie fischen im Lauf des Tages an vielen verschiedenen Stellen entlang des Flusses, statt stillzusitzen und darauf zu warten, dass der Fisch zu ihnen kommt.

◄ **DER BOURNE**
Nach meiner Auffassung ist das Hinauswaten ins Wasser durch nichts zu übertreffen. Man sollte Wathosen tragen und vorsichtig sein, so kann man das tolle Gefühl genießen, mit dem Wasser eins zu werden.

SICHERHEITSREGELN IM WASSER

1 Waten Sie nie in Gewässer, die so trüb sind, dass man den Grund nicht sehen kann.

2 Stellen Sie sicher, dass Sie nie in zu starker Strömung waten.

3 Waten Sie nie so tief hinaus, dass Sie Angst bekommen.

4 Tragen Sie stets einen Watstock bei sich – dieses dritte „Bein" kann ein echter Lebensretter sein.

5 Tragen Sie beim Waten eine Polarisationsbrille – Sie stehen sicherer, wenn die Bodenumrisse besser erkennbar sind.

6 Tragen Sie stets eine Schwimmweste, wenn Sie waten oder mit dem Boot draußen sind.

7 Eine Signalpfeife ist gut, um im Notfall Aufmerksamkeit zu erregen.

8 Wenn Sie mit dem Boot ausfahren, stellen Sie sicher, dass Sie stets ein Paar Ruder und Riemendollen mitführen, auch wenn Sie glauben, dass der Motor zuverlässig ist.

9 Fahren Sie auf einem großen Gewässer immer gegen den Wind hinaus. Wenn der Motor ausfällt, ist es leichter mit dem Wind im Rücken zurückzurudern.

10 Geben Sie am Ufer immer jemandem Bescheid, wohin Sie auf einem großen Gewässer fahren und wann Sie ungefähr zurück sein wollen

11 Bevor Sie auf ein großes, ungeschütztes Gewässer hinausfahren, sollten Sie stets den Wetterbericht hören. Das Wetter kann innerhalb von Minuten gefährlich umschlagen.

◄ **DAS WATEN**
Waten zahlt sich aus, wenn es unumgänglich ist, nah an den Fisch heran zu kommen. Die Schnur lässt sich besser kontrollieren und ein kleiner Köder ist akkurater zu präsentieren. Die Schirmmütze hilft gegen die Spiegelung des Wassers.

Angeln ist ein Sport endloser Horizonte. Hier erkunde ich einen Fluss an der chinesischen Grenze, in dem wohl nie vorher ein Europäer gefischt hat. Die freudige Erregung solcher Augenblicke ist immens, doch wahrscheinlich nicht viel größer als früher, vor über 30 Jahren, wenn ich an einen neuen Parkteich oder englischen Fluss kam.

Fischen als Herausforderung

Die Methoden, die Sie sich mit der Zeit aneignen werden, sind faszinierend. Angeln ist wie ein riesiges Schachspiel, das nach immer neuen Herangehensweisen verlangt. Jedes Gewässer, jeder Standplatz, jeder Tag bringt eine neue Herausforderung.

Sie werden bald erkennen, dass die Erfolge ausbleiben, wenn Sie jede Situation auf die selbe Weise angehen. Es

ist äußerst wichtig, dass man genau überlegt, experimentiert und stets einen Schritt weiter denkt. Doch vor allen Dingen weiß der moderne Angler die Fische selbst zu schätzen. Die Geschöpfe, denen wir nachjagen, sind faszinierend. Jede Art hat ihre eigenen Gewohnheiten und Eigenheiten, und um als Angler erfolgreich zu sein, muss man sich mit ihrer Naturgeschichte vertraut machen. Da liegt eine große

Wasserwelt, die entdeckt sein will. Fische sind absolut, ja schmerzlich schön.

Außerdem bergen sie verborgene Schönheiten, Reize, die eigentlich nur von einem Angler richtig geschätzt werden. Bestimmt werden Sie irgendwann über das Wunder des Fischs nachdenken, den Sie gefangen haben. Man sollte sich jeden einzelnen genau ansehen. Achten Sie einmal darauf, wie die Schuppen ganz unterschiedliche Muster und Schimmer haben. Bewundern Sie die Form des Fischs und bedenken Sie, wie er perfekt an seinen jeweiligen Lebensraum angepasst ist. Untersuchen Sie die Flossen, sehen Sie, wie zart und dennoch kräftig und in den lebhaftesten Farben sie gestreift sind. Fische sind unbezahlbare Geschöpfe, nicht irgendeine Ware, die man am Wochenende im Supermarkt kauft.

Sie befinden sich an der Schwelle eines neuen Lebensabschnitts, also versuchen Sie, jeden der besonderen und aufregenden Augenblicke zu genießen, die Sie am Wasser verbringen!

▶ **BEWUNDERNSWERTE ANMUT**
Fische sind einfach herrliche Geschöpfe. Schauen Sie sich die Färbung dieses tollen Seesaiblings an, der frisch aus dem Meer kommt. Er wurde einen Moment im glitzernden Sonnenlicht gehalten und dann ins Wasser zurückgesetzt, damit er seine Rolle in der Welt weiter spielen kann.

◀ **GEHEIME SCHÖNHEIT**
Ein ebenso atemberaubend schöner Fisch ist diese Äsche, die in einem Fluss in Asien gefangen wurde. Schauen Sie sich die riesige Rückenflosse und die fabelhaften Farben an ihren Flanken an. Als Angler haben Sie Zugang zu einer geheimen, magischen Welt!

Der Angelkodex

Kommen wir nun kurz zu Regeln und Vorschriften. Die meisten Angler, die mitdenken und Erfahrung haben, haben ihre eigenen persönlichen Gesetze – abgesehen von denen, die ihnen durch Vereine und Organisationen auferlegt werden.

Ich werde Sie hier nicht mit den üblichen Ratschlägen über das Zurücklassen von Abfall, Schnüren und so weiter belästigen. Nur dies: Es ist eine gute Idee, den Müll von anderen am Uferstreifen einzusammeln. Nehmen Sie einen Abfallbeutel mit und säubern Sie Ihr Stück vom Müll anderer Leute. Das hört sich vielleicht nach Hausarbeit an, aber viele vorausschauende Angler machen das heutzutage; Müll erzeugt Müll, und je weniger am Ufer herumliegt, desto weniger wird später wohl dort landen.

Stellen Sie sicher, dass Sie alle Nylonschnurabfälle mit nach Hause nehmen. Früher gab es Leute, die meinten, dass man sie am Ufer verbrennen könnte, aber das macht keinen Sinn. Einfach in die Mülltonne damit.

Schließen Sie alle Gatter. Wenn Sie durch Felder fahren, bleiben Sie auf den Wegen. Angler und Bauern sollten gut miteinander auskommen. Ich weiß durch eigene bittere Erfahrung, dass mangelnde Zusammenarbeit zu schmerzhaften Konflikten führen kann.

Denken Sie stets daran, dass aufrecht stehendes Gras vom Viehzüchter geerntet wird, genau wie ein Getreide-

▼ **DENKEN SIE AN DEN FISCH**
Um Stress vorzubeugen, sollten Sie den Fisch möglichst nicht aus dem Wasser holen. Wenn Sie den Fisch für ein schnelles Foto hochhalten wollen, dann möglichst knapp über dem Wasser, damit er nur einige Sekunden an der Luft ist.

UMGANG MIT FISCHEN

REGEL 1 Fassen Sie einen Fisch immer mit nassen Händen an.

REGEL 2 Entfernen Sie, wenn möglich, die Widerhaken an den Haken. Das erleichtert das Loshaken erheblich.

REGEL 3 Verwenden Sie an Spinnern möglichst keine Drillingshaken, sondern Einzelhaken.

REGEL 4 Versuchen Sie, einen Fisch, wann immer möglich, im Wasser loszuhaken und ihn freizulassen, ohne dass er seine Umgebung verlässt.

REGEL 5 Überlegen Sie gut, ob Sie einen Fisch mit dem Kescher landen und vom Wasser wegbringen müssen, um ihn zu wiegen und zu fotografieren. Tun Sie dies nur bei wichtigen Exemplaren.

REGEL 6 Wenn ein Fisch nach dem Kampf müde ist, stützen Sie ihn sanft im flachen Wasser mit dem Kopf flussaufwärts, sodass Sauerstoff durch die Kiemen gelangt. Das kann ein paar Minuten dauern, seien Sie also nicht ungeduldig.

REGEL 7 Halten Sie Fische nie im Setzkescher. Sie erleiden psychischen Stress und körperliche Qualen – manchmal so sehr, dass sie daran sterben.

REGEL 8 Seien Sie nicht unersättlich. Wenn Sie glauben, genug Fische gefangen zu haben, packen Sie für den Tag zusammen und gönnen Sie ihnen Ruhe und Erholung.

REGEL 9 Stellen Sie stets sicher, dass ein Fisch ebenso unverletzt von Ihnen fortschwimmt wie in dem Moment, als er an den Haken ging.

REGEL 10 Wenn Sie beim Sportangeln einen Fisch zum Verzehr mitnehmen wollen, suchen Sie lieber ein Männchen als ein Weibchen aus. Das gilt vor allem für weibliche Lachse, deren Eier sehr wertvoll sind.

feld, also vermeiden Sie unbedingt jeden Schaden.

Halten Sie Ausschau nach Wilderern! Da die meisten heute Handys besitzen, kann ein Anruf beim Angelverein oder sogar der Polizei nicht schaden, wenn man einen begründeten Verdacht hat.

Am wichtigsten ist aber die Wachsamkeit gegenüber Verschmutzungen. Wenn Sie sehen, dass das Wasser sich verfärbt oder, noch schlimmer, Fische in Not sind, dann rufen Sie sofort den Angelverein oder die örtliche Umweltbehörde an. Angler sind Wächter der Umwelt, nehmen Sie sich dies von Anfang zu Herzen.

◄ **EINE ALSE (MAIFISCH)**
Ich habe diese Alse in schnellem Wasser gefangen und sie, als sie müde wurde, ins Flachwasser zurückgebracht, wo ich neben ihr knien kann, den Hakenlöser herausholen und sie loshaken kann.

▼ **SANFT GEHALTEN**
So sollte man Fische anschauen: Das Wasser umspült sie und hebt ihre Farben hervor. Halten Sie jeden Fisch, den Sie vom Haken befreit haben, mit dem Kopf stromaufwärts, bis Sie merken, dass seine Kraft zurückkehrt. Dann, und nur dann, entlassen Sie ihn zurück in die Strömung.

EIN ANFANG

Ein Anfang

ES IST SCHWER ZU SAGEN, WELCHER TEIL DIESES BUCHES DER INTERESSAN-
TESTE IST – DAS FLIEGENFISCHEN, DAS ANGELN MIT KÖDERN ODER DAS
MEERESANGELN. NATÜRLICH HÄNGT VIEL DAVON AB, WO MAN WOHNT.

Wenn Sie in einem Berggebiet mit rasch fließenden Bächen leben, werden Sie wahrscheinlich Forellen fischen. Wenn Sie hingegen im Flachland in einem städtischen Umfeld zu Hause sind, werden sie sehr wahrscheinlich eher mit Ködern angeln. Sie müssen ja irgendwo anfangen und die nächstliegenden Stellen sind nicht weit von zu Hause weg. Wenn Ihr Interesse am Angeln wächst, werden Sie bald auch weitere Ausflüge machen, Sie werden sich „freischwimmen" und die verschiedenen Angeltechniken schätzen lernen, die es gibt.

Ich persönlich halte es für eine Schande, wenn sich Angler Scheuklappen anlegen und nur auf eine Disziplin konzentrieren. Es kommt zum Beispiel oft vor, dass Angler ihr ganzes Leben lang nur Forellen verfolgen und Hechte

oder Karpfen ignorieren. Und gern lässt sich ein Karpfenspezialist das Vergnügen entgehen, in einem Plötzenfluss mit einer Stick-Pose zu angeln. Aber nur wenn man in den unterschiedlichsten Gewässern nach möglichst vielen Arten angelt und die verschiedensten Methoden anwendet, wird man ein echter Allround-Angler.

Zuerst muss man aber seine Lehrzeit bestehen. Wo fängt man an?

Sie müssen zunächst in Erfahrung bringen, ob das Gewässer, das Sie sich ausgesucht haben, auch Saison hat. Weltweit gibt es für jedes Gewässer

▶ REALISTISCHE TRÄUME

Für den Anfänger ist es sinnvoll, sich nicht auf die exotischen Arten zu konzentrieren. Rotaugen (wie dieses schöne Exemplar) sind für den Anfang eine gute Wahl.

Schonzeiten, damit die Fische in Ruhe laichen können. Die verschiedenen Arten laichen zu unterschiedlichen Zeiten, und die Schonzeiten sind dazu da, sie alle zu schützen. Bevor Sie anfangen zu angeln, müssen Sie also zuerst Erkundigungen einholen. Doch wo immer Sie wohnen, es wird wohl zu jeder Jahreszeit einen Fisch geben, der gerade Fangsaison hat.

In welcher Gegend Sie auch fischen, Sie brauchen mindestens einen, wenn nicht sogar zwei Angelscheine. In der Regel muss man die Sportfischerprüfung bestanden haben und einen

▲ EINE WILDE BACHFORELLE
Obwohl Forellen fast ausschließlich mit der Fliege gefangen werden, gibt es Zeiten, zu denen sie lebhaft auf einen Wurm an der Pose reagieren. Das gilt besonders dann, wenn das Wasser stark gefärbt ist und man auf weite Entfernung nach ihnen fischen will.

◄ MONSTER
Wenn Sie einen kleinen Hecht fangen, dann denken Sie daran, dass er sich zu einem Monster wie diesem auswachsen könnte. Mein guter Freund Johnny hält einen 21 kg schweren Hecht, den er in der Ostsee in Schweden gefangen hat. Er hat ihn mit einem Kunstköder erwischt.

(Jahres-)Fischereischein erwerben sowie meistens eine Angelberechtigung vom Inhaber des Fischereirechts am jeweiligen Gewässer einholen. Das klingt am Anfang vielleicht ein wenig verwirrend, aber keine Sorge, man wird Ihnen in jedem Angelladen Rat geben.

Es zahlt sich übrigens aus, über eine Mitgliedschaft im örtlichen Angelverein nachzudenken. Sie werden keine Schwierigkeiten haben, einen zu finden – es gibt genügend. Der Verein hat wahrscheinlich mehrere Gewässer in der näheren Umgebung und bietet vor allen Dingen auch Ausflüge und Veranstaltungen an, die einem helfen, Selbstvertrauen zu entwickeln und sich Wissen anzueignen.

◀ **EIN SPORT FÜR JEDEN**

Angeln ist wirklich ein Sport für jeden, Jung und Alt, Mann oder Frau. Wenn Sie Neuling sind, ist es sinnvoll, bei schönem Wetter zu fischen: Verknotete Schnüre zu lösen macht nie Spaß, bei Wind und Regen ist es aber noch viel schlimmer.

▼ **GOLDENER FANG**

Man weiß nie genau, was der nächste Anbiss bringen mag. Diese herrlich goldene Karausche wurde in Skandinavien gefangen, eine Karpfenart, die immer seltener wird.

Regeln und Bestimmungen

Wo Sie auch mit dem Angeln anfangen, erkundigen Sie sich nach den geltenden Regeln und Verordnungen. In Deutschland sind die Gesetze von Bundesland zu Bundesland verschieden; und generell dürfen Sie nicht mit Lebendködern fischen, was in anderen Ländern erlaubt ist. Machen Sie sich aber nicht zu viele Sorgen. Hier ist nicht die Bürokratie verrückt geworden – alles das dient zum Schutz des Gewässers, der Fische selbst und dem Spaß derer, die dort angeln.

Nun zur Ausrüstung. Es ist wichtig, dass Sie ein gutes Verhältnis zu Ihrem Angelhändler aufbauen. Wenn Sie in einer Großstadt wohnen, haben Sie wahrscheinlich eine gute Auswahl. Man mag sich zunächst im Angelgeschäft recht unwohl fühlen – überall stehen Geräte herum und man weiß wahrscheinlich nicht einmal, wofür man sie verwendet. An der Theke werden gemurmelte Unterhaltungen geführt, die sich wie Kauderwelsch anhören. Aber keine Angst, mir ging es genau wie Ihnen, und niemand ist Experte für

alles. Mein Rat ist, besuchen Sie alle verschiedene Angelläden und schauen Sie, wo Sie am freundlichsten beraten werden. Haben Sie das Gefühl, der Händler berät Sie unparteiisch oder versucht er, Ihnen eine teure Rute anzudrehen, die er schon lange im Laden stehen hat? Ein vernünftiger Händler weiß, dass ein Anfänger wie Sie in den kommenden Jahren leicht zu einem Stammkunden werden kann. Wenn er also nur ein wenig Verstand hat, tut er sein Bestes, damit Sie mit der richtigen Grundausrüstung anfangen.

Der Versandhandel ist eine schnell wachsende Branche geworden. Manche Versandhändler sind nicht gerade umwerfend. Doch die größten und besten Versender arbeiten wirklich sehr flott. Es ist keine schlechte Idee, sich zumindest die Kataloge zu besorgen. Dadurch bekommt man einen guten Überblick über das Angebot und erfährt auch, was zu welchem Zweck verwendet wird. Ehe Sie etwas bestellen, sollten Sie mit jemandem über die Ausrüstung reden, die Sie eventuell kaufen wollen, und prüfen, ob dieser Rat genau und angemessen ist.

▲ **EINE HÜBSCHE BARBE**
Kein Wunder, dass Joy so zufrieden mit diesem schönen Fisch ist. Beachten Sie aber, wie sie die Barbe hält: nah am Körper und unweit vom Boden, mit ihren Händen weit vom Magen und wichtigen Organen entfernt.

◀ **IN DER WILDNIS**
Wahrscheinlich begannen Sie mit dem Angeln an örtlichen Seen und Flüssen. Der Sport kann Sie aber auch an aufregende Orte führen wie diesen Fluss in Ostsibirien. Das Forellenfischen hier ist einzigartig, und James, im Vordergrund, hat seine Hausaufgaben auf den Stauseen und Flüssen Englands und Europas sehr gründlich gemacht.

Die richtige Kleidung

Sie sollten sich eingehend über Ihre Kleidung Gedanken machen; man braucht zumindest einige spezielle Sachen. Im Sommer ist alles nicht sehr schwierig – man benötigt nur eine leichte Regenjacke, falls ein sonniger Tag einmal mit Gewitter endet. Das eigentliche Problem stellt sich im Winter. Wenn einem zu kalt ist, kann man sich einfach nicht aufs Angeln konzentrieren. Man fühlt sich schlecht, und es wird nicht lange dauern, bis man nach Hause geht. Die Winterausrüstung hat sich in den letzten zehn Jahren erheblich verbessert. Thermo-Stiefel und -Handschuhe sind sehr komfortabel. Mehrschichtige synthetische Unterwäsche ist ebenfalls ein Gewinn, besonders wenn man darüber Fleece und hundertprozentig wasserundurchlässige Kleidung trägt. Viele Hersteller behaupten heute, dass man bei Temperaturen von minus 40 °C fischen kann und trotzdem warm bleibt ... allerdings läge dann wohl auch über den schnellsten Flüssen eine zwei Meter dicke Eisdecke! Beim Kauf von Winterkleidung zahlt es sich wirklich aus, das Teuerste zu nehmen, das man sich leisten kann. Gerade, wenn Sie sich einmal nicht optimal eingekleidet haben, zieht garantiert ein eisiger, schneegeladener Nordwind auf.

Kühl und wasserdicht

Auch das Schuhwerk ist entscheidend. Im Sommer fährt man meiner Ansicht nach am besten mit leichten Gore-Tex-Wathosen, wenn man es sich leisten kann. Damit kann man in den Fluss oder über ein festes Flussbett gehen, ohne sich über nasse Füße zu ärgern. Sie bieten auch sehr guten Schutz vor starkem Tau, und falls es zu regnen beginnt, braucht man nur noch ein leichtes Oberteil und bleibt pulvertrocken. Gore-Tex ist ein atmendes Material, mit dem man bei Hitze kilometerweit laufen kann, ohne ins Schwitzen zu geraten. Versuchen Sie das mal mit herkömmlichen Gummi-Wathosen, da wird bald in jedem Schuh ein eigener kleiner Teich gluckern!

Im Winter kann man entweder bei den leichten Gore-Tex-Wathosen bleiben und darunter warme Thermo-Unterwäsche tragen oder Neopren-Wathosen kaufen. Die machen es einem richtig behaglich und die Elemente können einem gar nichts anhaben – selbst wenn man auf einem nassen, schlammigen Uferstreifen sitzt.

▶ SOMMERWANDERUNG

Es gibt diese glücklichen Sommertage, an denen nicht einmal ein Schauer in Sicht ist. Man kann am Ufer entlang laufen und so ziemlich alles tragen, was man will. Das Leben kann kaum schöner sein und man kann kilometerweit ganz unbehindert herumstreifen.

▼ FÜR DIE ARBEIT GERÜSTET

Wathosen sind sinnvoll, wenn man ins Wasser watet – besonders die modernen, leichten, mit denen man kilometerweit laufen kann, ohne die Hitze zu spüren. Eine Regenjacke für Schauer und eine Polarisationsbrille gegen die Oberflächenspiegelung sollte man dabei haben.

ANGEL-KOMFORT

Eines ist klar: Man kann sich nicht ordentlich aufs Angeln konzentrieren, wenn man sich nicht wohl fühlt und entspannt ist. Sonst wird man ziemlich bald eine Entschuldigung finden, um zusammenzupacken und nach Hause zu gehen, aber viele Fische wird man so nicht fangen! Deshalb hier einige Hinweise, damit Sie sich am Wasser wohl fühlen und das Angeln so richtig genießen können:

1 Trinken Sie keinen Alkohol – anfangs wirkt er anregend, aber nach der ersten Euphorie wird Ihnen im Winter bald kalt. Auch in der sommerlichen Hitze ist es weit besser, alkoholfreie Getränke, Mineralwasser oder Fruchtsäfte mitzunehmen.

2 Packen Sie im Winter genug heiße Getränke ein, um warm zu bleiben.

Früh- und Spätsommermonate können auch recht frisch sein!

3 Knausern Sie nicht mit energiereichem Essen, besonders beim Fliegenfischen und jeder anderen Angelmethode, die viel körperliche Aktivität erfordert. Wenn man hungrig ist, denkt man nur allzu bald an zu Hause.

4 Selbst wenn Sie ihn einmal nicht tragen: Nehmen Sie immer einen Hut mit. Ein kalter Kopf im Winter ist unangenehm, und selbst im Sommer wird einem schnell kalt, wenn der Kopf nass wird.

5 Stellen Sie stets sicher, dass Körper und besonders Hände und Füße pulvertrocken sind, außer vielleicht an einem glühend heißen Sommertag. Wenn die Hände nass und eisig werden, stehen die Chancen auf erfolgreiches Fischen bei null.

6 Seien Sie an Uferböschungen besonders vorsichtig – bei eisigen Bedingungen im Winter, aber auch im Sommer, wenn sie nass und schlüpfrig sind. Es gibt wirklich nichts Schlimmeres als bei Temperaturen unter dem Gefrierpunkt zu stürzen ... ich weiß das, denn es ist mir passiert, und ein Mal bin ich nur knapp mit dem Leben davongekommen.

7 Gibt es Moskitos oder Mücken, dann denken Sie an ein Netz oder ein Insektenschutzmittel – man kann einfach nicht angeln, wenn man ständig von Insekten geplagt wird.

8 Wenn Sie einen langen Aufenthalt am Wasser planen – beim Karpfenangeln zum Beispiel –, nehmen Sie etwas Bequemes zum Sitzen oder Liegen mit. Fängt der Rücken erst an zu schmerzen, verlässt einen die Konzentration schnell.

NATURKUNDE FÜR ANGLER

Naturkunde für Angler

UND WAS IST MIT DEN FISCHEN SELBST? WAS IST MIT DIESEN GESCHÖPFEN, DENEN WIR NACHSTELLEN UND DIE WIR SCHLIESSLICH FANGEN WOLLEN? GANZ OFFENSICHTLICH SIND SIE UNS IN JEDER HINSICHT FREMD – SIE SIND KALTBLÜTER, ATMEN DURCH KIEMEN, HABEN EINE SCHUPPIGE HAUT UND SIND VON EINER SCHÜTZENDEN SCHLEIMSCHICHT UMHÜLLT.

Durch all diese Eigenschaften unterscheiden sie sich in der Tat von uns, aber es gibt auch viele Ähnlichkeiten zwischen Fischen und Menschen. Es ist wichtig zu wissen, dass Fische ein sehr gutes Sehvermögen haben, Schwingungen so gut spüren, wie wir Geräusche wahrnehmen, dass sie einen sehr ausgeprägten Geschmackssinn besitzen und dass sie schnell aus Erfahrung lernen. Fische sind nicht dumm – sie sind komplexe Wesen der Unterwasserwelt. Ein Angler, der das vergisst, geht „Schneider", ohne Fang, nach Haus.

Man sollte sich auch darüber im Klaren sein, dass jede Fischart sich anders verhält. In Europa zum Beispiel ähneln sich Rotauge und Rotfeder, und beide leben in Schwärmen. Rotfedern stehen aber gewöhnlich viel höher im Wasser und suchen regelmäßig die Oberfläche nach Insekten ab. Rotaugen dagegen bewegen sich sich immer in der Wassermitte oder in Richtung. Auch Brachsen sind Schwarmfische, aber sie hal-

▲ **EIN SOMMERFISCH**
Schleien haben erstaunlich kleine Schuppen und sind von einer dicken Schicht schützenden Schleims bedeckt. Man beachte die sehr großen Flossen, die der Schleie ihre Kraft verleihen. Das rote Auge ist recht klein – Schleien orientieren sich hauptsächlich mit dem Tast- und Geruchssinn.

▶ **SCHWÄRME**
Rotfeder-Schwärme verbringen einen Großteil ihrer Zeit in der Gewässermitte, nah an der Oberfläche. Sie schießen nervös umher, und einige Schwarmmitglieder halten ständig Ausschau, ob ein drohender Raubfisch auftaucht.

ten sich fast ausschließlich in der Tiefe auf. Karpfen bewegen sich in kleinen Gruppen – nicht gerade in Schwärmen –, von denen sie sich entfernen, um allein zu fressen. Raubfische wie der Hecht sind generell Einzelgänger. Andererseits operieren Barsch, Hechtbarsch und Zander, die ebenfalls Raubfische sind, meist in Schulen. Um die Sache noch etwas komplizierter zu machen: Bachforellen haben generell ihr eigenes Revier, während Regenbogenforellen regelmäßig in großer Zahl miteinander umherschwimmen.

Man spricht häufig davon, dass der Mensch eine Körpersprache hat – dasselbe gilt mit Sicherheit für Fische. Wenn Sie als Beobachter am Flussufer Erfahrung gesammelt haben, werden Sie bald in der Lage sein, zwischen einem Fisch in Not, einem beleidigten Fisch und, wichtig für den Angler, einem Fisch unterscheiden zu können, der in Kürze auf Futtersuche geht.

▲ **VORSICHT!**

So sieht eine Rotfeder oder ein anderer kleiner Beutefisch einen Hecht auf Beutezug. Die Augen blicken geradeaus, das Maul öffnet sich gleich, die Flossen zittern und der Körper ist angespannt, bereit zum Angriff.

▼ **„GRÜNDLICHE" FISCHE**

Brachsen sind freundliche Fische, die sich am Grund ernähren und immer in Schwärmen schwimmen. Ihre großen, hohen Körper erlauben zwar keine rasche Beschleunigung, machen aber Raubfischen einen Angriff schwer.

▶ **AUF DER PIRSCH**

Wenn man Fische beobachtet, sollte man jede Deckung nutzen, die sich bietet. Bäume, Sträucher und Büsche verbergen Ihren beunruhigenden Schatten.

BRILLEN UND FERNGLÄSER

Polarisationsbrillen sind unerlässlich, um durch den Oberflächenfilm des Wassers schauen zu können und zu sehen, wie die Fische sich verhalten. Ferngläser sind ebenfalls eine große Hilfe, man kann damit einen weit entfernten Karpfen oder eine Insektenbrut „heranholen".

REGEL 1 Kaufen Sie immer das Beste, das Sie sich leisten können. Qualität zahlt sich aus.

REGEL 2 Lassen Sie sich beraten, und wenn möglich, testen Sie zuvor am Wasser, was Sie kaufen.

REGEL 3 Polarisationsbrillen sollten immer einen stabilen Rahmen und möglichst kratzfeste Gläser haben.

REGEL 4 Sie werden merken, dass je nach Lichtverhältnis bestimmte Tönungen besonders gut sind. Eine gute Allround-Farbe ist helles Bronze.

REGEL 5 Befestigen Sie Ihre Polarisationsbrille an einer Kordel um den Hals. Man kann sonst ohne weiteres in einem Jahr mehrere Brillen verlieren!

REGEL 6 Wählen Sie ein möglichst leichtes Fernglas. Wenn es zu schwer ist, vergisst man es gerne zu Hause oder im Auto, statt es mit ans Ufer zu nehmen, wo man es braucht.

REGEL 7 Stellen Sie sicher, dass die Vergrößerung stark genug und die Lichtempfindlichkeit hoch ist – 8 x 32 oder 8 x 40 ist perfekt.

REGEL 8 Achten Sie darauf, dass Sie ein wasserdichtes Fernglas kaufen, aus Gründen, die ich nicht ausführen muss!

▶ **VERGLEICHBARE GRÖSSEN**

Vergessen Sie nicht, dass ein Fernglas den Fisch größer erscheinen lassen kann als er eigentlich ist. Daher ist es immer gut, nach Vergleichsmaßstäben zu suchen. Treibt vielleicht eine Feder in der Nähe des Fischs vorbei, sodass man eine bessere Vorstellung von seiner Größe erhält?

Ein Gewässer kennen lernen

Nähern Sie sich einem neuen Angelgewässer möglichst nie mit einer Rute in der Hand, sonst reizt es Sie zu sehr, sofort loszulegen. Beim ersten Besuch ist es viel besser, Polarisationsbrille, Fernglas, einen Notizblock und Unvoreingenommenheit mitzubringen. Lassen Sie sich Zeit und beobachten Sie, was um Sie herum passiert! Je besser Sie ein Gewässer kennen lernen, umso mehr von seinen Geheimnissen wird es preisgeben.

Auf dem Notizblock können Sie eine grobe Karte des Gewässers und genauere Skizzen von den einzelnen Abschnitten anfertigen. Wenn Sie ihre Angelstrategie zu Hause planen, erinnern Sie diese Zeichnungen daran, wo das Wasser tief ist, wo seicht, welche Bucht nach Norden oder Westen zeigt und wo es Schilfbeete gibt. Vernachlässigen Sie keine Information, die

Ihnen auffällt. Alles fügt sich zu einem vollständigen Ganzen und Sie verstehen das Gewässer, in dem Sie fischen wollen.

Für einen Angler ist ein Thermometer ein sehr praktischer Gegenstand, denn die Temperatur spielt im Leben der Fische eine entscheidendere Rolle als für uns. Da sie Kaltblüter sind, passen sie gewöhnlich ihr ganzes Leben der Temperatur des Wassers an, das sie umgibt.

In der Regel gilt: je kälter das Wasser, desto träger der Fisch. Wenn sich das Wasser erwärmt, springen die Körperfunktionen an und Fische beginnen, wieder zu fressen. Ein Thermometer sagt dem Angler, wie die Fische sich wahrscheinlich verhalten. Wenn die Temperatur im Winter beispielsweise unter 6 oder 7 °C fällt, wird man kaum eine Barbe auf Futtersuche sehen, und es empfiehlt sich, nach Hechten zu

GUT AUSGESTATTET

1 **HUT** Eine breite Krempe hält die Sonne von Kopf und Augen fern.

2 **FERNGLAS** Unerlässlich für die Beobachtung des Wassers.

3 **STIEFEL** Man sollte ein Paar aussuchen, das warm und wasserfest ist.

4 **POLARISATIONSBRILLE** Sie mindert die Spiegelung des Wassers.

5 **BROT** Manche Fischarten mögen das einfache, normale Brot aus dem Laden.

6 **NOTIZBLOCK** Oder haben Sie alles im Kopf?

7 **STIFT UND THERMOMETER** Das sind unverzichtbare Hilfsmittel. Die Wassertemperatur ist eine wichtige Information.

▲ SEEROSEN

Karpfen und Seerosenfelder gehören eigentlich immer zusammen. Karpfen mögen den schlammigen, jedoch festen Boden, in dem die Pflanzen wachsen. Überhaupt lieben es viele Fische, an den Stängeln und Blättern der Pflanze nach Wasserorganismen zu suchen.

◄ GUTES ZEICHEN

Es ist schön zu sehen, wie die Seeotter in der ganzen nördlichen Hemisphäre in ihre angestammten Gewässer zurückkehren. Sie sind ein sicheres Zeichen, dass die Fischbestände in gutem Zustand sind. Otter beobachtet man am besten in der Morgendämmerung, wenn sie ihre nächtlichen Raubzüge beendet haben und auf dem Heimweg sind.

angeln. Wenn die Wassertemperatur über 30 °C steigt, ist man besser beraten, in den kühlen Morgenstunden angeln zu gehen.

Fische orten

Die wichtigste Aufgabe ist zuerst einmal, den Fisch im Wasser zu orten. Das mag ziemlich selbstverständlich scheinen, doch es ist nicht immer einfach. Sie dürfen nicht vergessen, dass sich Fische nicht gleichmäßig verteilen wie Rosinen im Kuchen. Sie neigen eher dazu, sich dicht zusammen in klar abgegrenzten Gebieten aufzuhalten. Und dafür gibt es immer einen guten Grund: Fische suchen sich ein Zuhause, das ihnen Futter und Sicherheit bietet. Kleine Fische halten sich zum Beispiel fast immer in der Nähe von Schilfgürteln oder dicht bewachsenen Krautbänken auf. Diese Stellen bieten ihnen ausreichend Nahrung und Versteck, wenn sich ein Räuber sehen lässt. Stellen Sie sich ein großes Loch vor, frisch ausgehoben und mit Wasser gefüllt: Es gibt absolut keine Objekte oder Ecken, wo man sich verstecken kann. Aber wenn ein toter Baum ins

Wasser fällt, werden nach wenigen Tagen ein Hecht oder eine Gruppe Barsche in seinen versunkenen Wurzeln und Ästen lauern und sie als Hinterhalt benutzen. Suchen Sie nach allem, was Fischen ein Versteck oder Nahrung bietet!

▲ **SCHATZINSEL**
Suchen Sie stets nach Inseln. Viele Fischarten genießen den Schutz und die Sicherheit solcher Stellen, besonders in der Hitze des Tages, wenn sie sich lieber verstecken und ausruhen als umherzuschwimmen und nach Futter zu suchen. Ein langer Wurf in die Nähe der Inselränder kann oft zu einem Anbiss führen, wenn sonst alles fehlgeschlagen ist.

◄ **ZUFLUCHTSORT**
Baumwurzeln und herunterhängende Äste unter Wasser sollte man immer ganz genau unter die Lupe nehmen, denn Fische bevorzugen diese Standorte, wo sie sich der starken Strömung entziehen und viel Futter finden können. Der Fisch auf diesem Bild ist ein großer Döbel in einem englischen Fluss.

PIRSCH-TIPPS

1 Es ist immer am besten, die Sonne hinter sich zu haben. So wird das Wasser, in das man blickt, beleuchtet, und die Oberfläche reflektiert nicht so stark. Vergessen Sie nicht, einen Schirm über der Polarisationsbrille zu tragen, um störende Sonnenstrahlen fernzuhalten.

2 Denken Sie außerdem immer daran, dass Ihr Schatten Ihren Angelerfolg komplett vereiteln kann. Suchen Sie Ihren Standplatz also möglichst hinter einem Baum oder im Schilf – das verwischt Ihre Silhouette. Tragen sie keine weiße oder helle Kleidung!

3 Bewegen Sie sich stets langsam, um unentdeckt zu bleiben. Schwingungen pflanzen sich im Wasser gut fort, treten Sie also immer vorsichtig auf.

4 Im Sommer sollte man sich gut mit Insektenschutzmittel einreiben. Bei der Fischbeobachtung muss man sich oft lange im moskitoverseuchten Schilf ruhig verhalten.

Fische beobachten lernen

Wenn man ungeübt ist, kann es wirklich schwierig sein, Fische mit bloßem Auge zu entdecken. Fische sind so gebaut, dass sie möglichst unsichtbar sind, sonst würden sie von den vielen Räubern über und unter Wasser schnell entdeckt. Sie bewegen sich gewöhnlich leicht und unauffällig und verschmelzen nahtlos mit ihrer Umgebung. Ihr Auge muss also erst geschult werden, sehr diffuse Eindrücke wahrzunehmen. Das Beste ist zunächst, einen bestimmten Gewässerabschnitt sehr, sehr sorgfältig zu beobachten und alles zu registrieren, was Ihnen auffällt. Vielleicht sehen sie plötzlich ein Glitzern oder einen Schatten. Verfolgen Sie gerade solche verräterischen Zeichen! Die Chancen stehen gut, dass Sie eine Schuppe, ein Auge oder das Profil einer Flosse erkennen. Konzentrieren Sie sich weiter, und bald rückt der ganze Fisch in Ihr Blickfeld. Dieses Training wird Ihnen von großem Nutzen sein!

▲ **TEICHLEBEN**

Eine typische Szene in einem europäischen Teich – die Rotfeder in der Wassermitte schaut zur Oberfläche, vielleicht auf eine zappelnde Fliege, die Schleie hingegen steht tiefer und ist wohl eher auf eine Mückenlarven-Mahlzeit aus.

▼ **TARNUNG**

Moderne Schwimmer werden heute meist aus Plastik hergestellt, aber wenn es um Tarnung geht, ist ein alter Federkiel kaum zu übertreffen. Wie perfekt er mit den Seerosenstängeln verschmilzt!

SELBST-VERTEIDIGUNG

1 Viele Fische fressen Jungfische anderer Arten – und sogar ihre eigenen! Kleine Fische vereinen sich deshalb in riesigen Schwärmen, um ihre Verluste gering zu halten. Sie verwirren ihre Räuber durch Umherschießen und erschweren es ihnen dadurch, sich ein einzelnes Ziel herauszupicken.

2 Tarnung ist ein ausgezeichneter Schutz. Viele Fische passen ihre Farbe der Umgebung an und die einzelnen Fische der gleichen Art können, je nach Lebensraum, ein sehr unterschiedliches Aussehen annehmen.

3 Verstecken ist eine Technik, die besonders von Beutefischen angewandt wird. Sie benutzen dafür jedes Objekt in einem Gewässer, das ihnen Deckung und Schutz bietet.

4 Erfahrung schützt ebenso. Fische lernen wirklich schnell, und sie erkennen einen Angler als Bedrohung, genau wie einen Otter, Eisvogel oder einen Hecht.

▲ ADLERAUGE

Der Blick von oben auf ein Gewässer ist einfach unübertrefflich. Gute Angler sind auch meist gute Kletterer. Doch man sollte aufpassen, besonders im Winter, wenn die Äste der Bäume schlüpfrig sein können.

▼ KAMPF DER CLEVEREN

Hier erkennt man gerade noch den schattenhaften Umriss eines Fisches, der unter der Oberfläche vorbeigleitet und sich nicht entscheiden kann, ob er zum Fressen hinabschwimmen soll oder nicht. Vielleicht hat er Angst vor der Pose?

▲ **EIN LOCKERES LEBEN**
Karpfen mögen es, sich an geschützten, warmen Flecken zu sonnen, wenn die Sonne hoch steht. Suchen Sie an schilfreichen Stellen nach ihnen, wo die Brise Schaumstreifen aufs Wasser getrieben hat.

◀ **BARSCH-ANGRIFF**
Diese beiden Flussbarsche zeigen sich in typischer Angriffsstellung. Wenn Barsche Hunger verspüren, bewegen sie sich durch die Wasserschichten nach oben und halten nach Kleinfischen Ausschau, die über ihnen schwimmen.

Die Körpersprache deuten

Wenn Sie im Erkennen von Fischen geschickter werden, stellen Sie bald fest, dass man noch mehr von ihnen herauskriegen kann als die bloße Tatsache, dass sie da sind. In kürzester Zeit werden Sie entdecken, wie man ihre Körpersprache interpretiert.

Betrachten Sie einen Karpfen, der sich kaum bewegt, einfach unter dem Oberflächenfilm hängt und nur gelegentlich eine Flosse in den Sonnenschein spreizt. Dieser Fisch ist nicht an Nahrung interessiert. Er lässt sich einfach im Halbschlaf treiben. Sie können noch so viel Aufwand treiben, er wird nach keinem Köder schnappen. Wenn Sie einen Karpfen dagegen zielstrebig vorbeigleiten sehen, wenn er auch noch oft nach unten wegtaucht, wissen Sie, dass dieser Fisch Fressen im Sinn hat und fangbar ist.

Was ist mit einem Hecht, der regungslos am Grund eines Sees liegt? Er hat reichlich gespeist und liegt wie im Koma da, während er seine Beute verdaut. Wenn Sie dagegen einen Hecht über dem Boden aufsteigen sehen, oft angewinkelt, wissen Sie, dass er zum Angriff bereit ist. Jetzt können Sie ihn fangen, wenn Sie es richtig anstellen.

▲ **DER WELT ENTRÜCKT**

Hechte fressen in unregelmäßigen Abständen, besonders in kaltem Wasser, wenn die Verdauung ihrer Beutefische lange dauert. Den größten Teil ihres Lebens verbringen Hechte wie im Koma am Grund und warten, bis sie wieder hungrig sind.

ÜBER DAS FRESSEN

Unter Anglern haben sich mit den Jahren allerlei Begriffe und Ausdrücke dafür eingebürgert, die beschreiben, wie Fische fressen. Die folgenden sind die bekanntesten.

BLASEN – viele Fische lassen Blasen nach oben steigen, wenn sie am Grund herumwühlen. Schleien machen kleine Bläschen, Brachsen hingegen erzeugen wenige, große Blasen. Mit der Zeit lernt man, welche Blasen zu welcher Art gehören.

FISCHBRUT – oft sieht man ganze Teppiche winziger Fische, Jungfische, die aus dem Wasser springen, besonders im Spätsommer und Herbst. Sie werden mit ziemlicher Sicherheit von einer Gruppe Räuber gejagt, Forellen, Barschen oder sogar Hechten, die sich zum Festmahl versammelt haben.

NYMPHENDE – damit sind Fische, besonders Forellen gemeint, die sich von Nymphen (siehe Seite 122) ernähren, die an die Oberfläche paddeln, auf der Suche nach Deckung oder um auszuschlüpfen. Man sieht oft nur noch das Weiße im Inneren des Fischmauls, wenn sich Kiefer öffnen und schließen.

AUFWOLKEN – manchmal sieht man große Sedimentwolken an die Oberfläche steigen. Sie werden gewöhnlich von einer Gruppe großer Fische, wahrscheinlich Karpfen, erzeugt, die den Schlamm nach Kleinstorganismen durchwühlen.

Das Wasser lesen

Manchmal, besonders nach heftigen Regenfällen, ist das Wasser zu trüb, um Fische zu erkennen. Dann muss man nach Zeichen suchen, die auf Fische hinweisen. In seichtem Wasser sieht man vielleicht Flossenspitzen aus dem Wasser ragen oder Wirbel, wenn ein kräftiger Körper sich unter der Oberfläche vorbeibewegt. Es könnte aber auch ein Brachsenschwarm sein, der Mückenlarven frisst. Wackelnde Schilfrohre sind oft das Zeichen für einen Karpfen auf Nahrungssuche. Ein Schauer von Jungfischen, der wie ein Nadelhagel durch die Oberfläche bricht, verrät eindeutig die Anwesenheit eines Räubers in der Nähe. Eine große Schlammwolke, die wie ein Pilz nach oben steigt, lässt auf einen großen gründelnden Fisch schließen. Kleine Schlickwölkchen, die hie und da hochtreiben, könnten der Hinweis auf einen Schwarm kleiner Fische bei der Mahlzeit sein.

Je mehr Sie beobachten, desto mehr werden Sie feststellen, dass Fische ein sehr geordnetes Leben führen und genaue Routen für ihre täglichen „Rundgänge" haben, oft zu vorhersehbaren Zeiten. Das hilft dem Angler nicht unerheblich, seine Falle vorzubereiten und im richtigen Gebiet Köder auszulegen.

Die einzige Zeit, in der sich Fische nicht wie sonst verhalten, ist die Laichperiode. Dann wandern sie oft über weite Entfernungen und versammeln sich in großer Zahl. Wenn Sie irgend Gelegenheit haben, sollten Sie zur Laichzeit ans Wasser gehen. Lassen Sie Ihre Rute zu Hause und gönnen Sie den Fischen den Frieden, den sie für diese wesentliche Zeit des Jahres brauchen. Versuchen Sie unbedingt einmal, Zeuge dieses spannenden Spektakels zu werden!

▼ **FORSCHENDE FISCHE**
Karpfen sind wohl die neugierigsten Fische, die es gibt. Sie erforschen sofort jeden neuartigen Köder, den man ihnen anbietet. Aber vergessen Sie nicht, sie sind auch sehr gewitzt und inspizieren einen Köder sorgfältig auf Anzeichen von Haken, Schnüren oder Bleien, ehe sie zubeißen.

▲ WILDE AUFREGUNG

Wenn Karpfen laichen, können sie ganze Schilfgürtel „platt machen" und einen kristallklaren See
innerhalb von einer Stunde in einen schoko-
ladenbraunen verwandeln. In ihrer Laich-Ekstase
können sie das Wasser zu Schaum schlagen –
das können Sie aus 300 m Entfernung oder noch
weiter hören. Nicht selten findet man am gras-
bewachsenen Ufer einen Karpfen, den es in seinen
Anstrengungen aus dem Wasser geworfen hat.

◄ FOLGEN SIE DEN HINWEISEN!

Es ist wichtig, dass man die Gasblasen an der
Oberfläche erkennt und unterscheiden kann.
Manche sind einfach Faulgase, die von einem
Grund voller Schlamm und Blätter entwichen
sind. Aber auch Fische erzeugen beim Fressen oft
Blasen. Schleienblasen sind beispielsweise sehr
klein, Karpfenblasen eher größer und schaumiger.
Das Angeln hat also sehr viel mit Detektivarbeit
zu tun!

Mit Ködern
Fischen

Mit Ködern fischen

BEIM ANGELN MIT KÖDERN PRÄSENTIERT MAN IN DER WASSERZONE, IN DER FISCHE GERADE FRESSEN, EINFACH AM HAKEN ETWAS FRESSBARES. ES GIBT HUNDERTE VON KÖDERN, WELCHE DIE UNTERSCHIEDLICHSTEN FISCHE AUF DER GANZEN WELT ANLOCKEN. IN EUROPA GEHÖREN SCHLEIE, KARPFEN, ROTAUGE, BARBE, BRACHSEN UND DÖBEL ZU DEN VON FRIEDFISCHEN BEVORZUGTEN ARTEN. IN DEN VEREINIGTEN STAATEN SCHÄTZT MAN „PANFISH" WIE BLUEGILL, SONNENBARSCH UND SCHWARZBARSCH.

▲ **SWIM FEEDER**
Eine schöne Barbe, die mit einer Swim Feeder-Vorrichtung gefangen wurde, treibt zum Ufer. Mit dem Swim Feeder lassen sich Hakenköder und Lockfutter auf den Gewässergrund transportieren, wo die Fische fressen. Bei starker Strömung kann das sonst schwierig werden.

Wenn man mit dem Köderangeln anfängt, reicht eine preiswerte 3,50 m lange Rute mit einer Stationärrolle. Die Schnur sollte 1,8–2,2 kg (4 oder 5 lb) Tragkraft haben. Hinzu kommen Posen, Spaltblei, ein paar Bleigewichte, Haken, ein Laib

Brot oder eine Büchse voll Maden. Und Sie brauchen eine Angelerlaubnis. Mit dieser bescheidenen Grundausstattung kann man für relativ wenig Geld mit dem Angeln beginnen. Natürlich ist die gewählte Erstausrüstung auch abhängig

AUSRÜSTUNG ZUM FRIEDFISCHEN

von dem Gewässer, in dem Sie angeln wollen und davon, welche Fischart Sie fangen möchten.

Als Einführung ins Friedfischen sollte man sich drei grundlegende Rutentypen ansehen.

Die erste in Betracht zu ziehende Rute ist eine Posenrute. Sie ist für den Wurf eines recht leichten Köders konzipiert, mit einer Pose an der Schnur als Bissanzeiger. Diese Rute ist 3,6 – 4 m lang und wiegt vielleicht 170 – 200 g.

Vor allem beim Angeln auf Grundfresser werden Sie unter Umständen auch Swim Feeder (Futterkörbchen) verwenden. Dazu braucht man eine 3,2–3,6 m lange Rute. Nehmen Sie eine durchschnittlich starke Feeder-Rute, die für Schnüre mit einer Tragkraft von 1,4–3,6 kg ausgelegt ist – so kann man von Rotaugen bis zu größeren Arten alles angeln.

1 **POLARISATIONSBRILLE** Für den Blick unter die Oberflächenspiegelung.

2 **HAKENLÖSER** Um Haken zu entfernen und Widerhaken zu plätten.

3 **FUTTERKÖRBCHEN** Eine kleine Auswahl für unterschiedliche Gelegenheiten.

4 **HAKEN** Immer in verschiedenen Größen!

5 **QUIVER TIPS – ZITTERSPITZEN** Sie bieten eine gute Bissanzeige.

6 **THERMOMETER** Es ist immer praktisch, die Wassertemperatur zu kennen, viele Experten haben Thermometer dabei.

7 **WAGGLER-POSE** Eine durchsichtige Waggler-Pose für stehende oder langsam fließende Gewässer.

8 **FEDERKIEL-POSE** Perfekt zum Angeln in der Nähe des Fischs.

9 **AVONS** Dieser Posentyp wird für schnelles Wasser und große Köder verwendet.

10 **STATIONÄRROLLE** Eine moderne Stationärrolle – in bester Qualität.

11 **SENKGEWICHTE** Eine Auswahl mit Bomben und Schrot.

12 **KATAPULT** Damit kann man kleine Köder (etwa Maden) weit hinausschleudern.

13 **FLUSS-POSEN** Eine Auswahl von Fluss-Posen für verschiedene Gelegenheiten.

14 **EINZELTEILE** Blei zum Beschweren der Leine, Wirbel zur Vermeidung des Schnurdralls sowie Perlen und Gummihülsen gehören zur Ausrüstung.

Ein kleines Extra

Wenn Sie Lust haben, auf Karpfen oder Hechte zu angeln oder einen etwas schwierigeren Drill im Fluss planen, brauchen Sie vielleicht noch eine spezielle Rute. Für solche Fälle ist eine 3,6 m lange Rute mit einer Testkurve von 700–800 g ideal. Die Testkurve beschreibt die Kraftreserven einer Rute. In diesem Fall bedeutet sie, dass 800 g Gewicht die Rutenspitze auf etwa 90° biegen können.

Mit diesen drei Ruten sollte man eine ganze Reihe von Situationen meistern können. Nur die ganz großen Fische bleiben außer Reichweite.

Man sollte darauf achten, immer eine bekannte Marke zu kaufen. Das muss nicht unbedingt teuer sein, aber es sollte für Zuverlässigkeit und einen guten Service stehen. Treffen Sie keine übereilten Entscheidungen! Nehmen Sie möglichst viele Ruten in die Hand und wenn möglich, probieren Sie sie an einem Gewässer aus. Die Rute sollte ausbalanciert sein, sie sollte nicht müde machen und eher wie die Verlängerung des eigenen Arms sein.

Eine Allround-Rolle

Die Auswahl an Rollen ist erneut überwältigend. Doch am Anfang würde ich mich weder um Multirollen (gut bei sehr anstrengender Arbeit wie Hechtfang auf großen Seen) noch um Kapselrollen (nützlich bei feinen Schnüren und starkem Wind) kümmern. Sie brauchen zunächst eine gute Stationärrolle. Kaufen Sie eine bekannte Rollenmarke, die mit ihrer Rute oder ihren Ruten perfekt in Einklang steht.

◀ **GUERILLA-TAKTIK**
Ein seichter, klarer Fluss im Sommer. Die Fische erschrecken vor ihrem eigenen Schatten. Hier muss man sich ganz langsam und vorsichtig anschleichen. Bleiben Sie unten! Nutzen Sie jede sich bietende Deckung und achten Sie auf die Steine. Ein unachtsamer Schritt kann Schocksignale den ganzen Fluss hinunter senden.

ABC DES FRIEDFISCHERS

ABZUG – das ist generell ein Begriff aus der Karpfenangelei. Wenn ein großer Fisch wie der Karpfen einen Köder schluckt, zieht er erst einmal damit ab – daher der Ausdruck.

ANBISS – der Moment, in dem der Fisch den Köder mit dem Haken schlürft.

ANFÜTTERN – Angler, die auf große, gewitzte Fische aus sind, werfen mehrere Tage lang an der künftigen Angelstelle Köderfutter aus. Das Misstrauen der Fische nimmt ab und sie beginnen, nach dem Köderfutter Ausschau zu halten.

ANHIEB – die Aktion, bei der nach dem Anbiss des Fisches die Rute angehoben wird und der Haken ins Maul des Fischs gezogen wird.

STIPPRUTEN – manche Angler – insbesondere wenn sie auf eine große Menge kleinerer Fische aus sind – verwenden nicht die herkömmliche Rute und Rolle. Stattdessen greifen sie zu einer Stipprute – oft 9 m lang oder mehr –, die aus leichtester Kohlefaser besteht. Die Schnur wird einfach am Spitzenring befestigt, dann werden Pose und Köder ausgeworfen. Kleine Fische kann man dann direkt mit einem Schwung landen, ohne dass man sie mit einer Rolle einholen muss.

QUIVERTIP – eine solche „Zitterspitze" besteht aus sehr feiner Kohlefaser und wird am Ende einer Grundrute angeschraubt. Die Schnur zwischen Quivertip und Köder wird unter Spannung gehalten, sodass der Quivertip sich leicht neigt. Wenn ein Fisch den Köder nimmt, schwingt die Spitze entweder weiter nach unten oder richtet sich gerade auf.

SWIM FEEDER – ein solcher Futter- oder Lockkorb ist ein kleiner Behälter aus Plastik, der an der Leine befestigt wird – nicht weit über dem Vorfach. Er enthält Kostproben des Hakenköders, die beim Aufprall am Grund herausfallen. Damit sollen die Fische neugierig gemacht und ihr Misstrauen überlistet werden.

FUTTERPLATZ – ein bestimmtes Gebiet, das der Angler für intensives Anfüttern und Angeln ausgewählt hat. Ein Futterplatz liegt oft in der Nähe eines Seerosenbeets oder an tiefen Stellen.

GRUNDFUTTER – Angler verwenden oft Grundfutter, um Fische anzulocken und sie zunächst ungestört fressen zu lassen. Das Grundfutter enthält dazu Kostproben des Hakenköders. Es kann aber auch aus schnell löslichem Futter wie Brotkrumen bestehen, die man mit Geschmacksstoffen vermischt.

SCHWIMMER (POSE) – ein Schwimmer hat die Form eines Federhalters und besteht aus Plastik, Federkielen oder Rohr. Die Pose wird oberhalb des Köders an der Schnur befestigt. Sie dient dem Zweck, den Köder in verschiedenen Wassertiefen zu halten und anzuzeigen, wenn ein Anbiss stattgefunden hat.

SENKGEWICHT – ein Senkgewicht oder Lotblei ist ein Stück Blei in unterschiedlichen Formen, das an der Schnur angebracht wird, um den Köder schnell auf den Grund zu befördern und ihn auch dort zu halten – selbst bei starker Strömung.

SPALTBLEI – Spaltbleie sind kleine Metallstücke, die unterhalb der Pose an die Leine geklemmt werden. Das hält den Schwimmer aufrecht und bringt den Köder auf die gewünschte Tiefe. Früher bestanden sie aus Blei, heute jedoch aus ungiftigem Metall, da Blei schädlich für Federwild ist.

TREIBANGELN – Treibangeln bedeutet, dass man die Pose von der Strömung den Fluss hinabtragen lässt und so ein gutes Stück Wasser abfischt. Dabei lassen sich die unterschiedlichsten Fische fangen. Man kann jeden Köder bis zu 90 m oder weiter führen.

VORFACH – allgemein wird beim Angeln mit Ködern eine Hauptschnur verwendet, die recht stark sein kann, und dann ein Stück etwas feinere Schnur – etwa 1 m lang –, die mit dem Haken verbunden ist. Diese wird als Vorfach bezeichnet.

▼ **VORBEREITUNG DES WURFS**

Achten Sie auf die Handhaltung in dem Augenblick, bevor Sie einen Köder auswerfen. Stellen Sie sicher, dass die Rute stets bequem in der Hand liegt. Der Zeigefinger hält die Schnur, damit sie nicht von der Spule fällt, wenn der Schnurfangbügel gelöst wird.

▼ **FERTIG ZUM WURF**

Die Schnur wird nun kräftig gegen den Rutengriff gedrückt und die linke Hand löst den Schnurfangbügel. Wenn er ganz zur Seite gedreht ist, kann die Leine völlig frei abspulen. Nun folgt der Wurf, indem man die Rute nach hinten schwingt, dann auf den Zielpunkt hin wirft und die Schnur loslässt.

▼ **ABFEDERN DER SCHNUR**

Sobald die Leine von der Rolle läuft, muss man vielleicht den Köder bremsen, da er über sein Ziel hinauszuschießen droht. Man erreicht dies, indem man den Finger auf die Spule legt. Nach dem Wurf dreht man die Kurbel der Rolle und lässt den Schnurfangbügel wieder über die Spule schnappen.

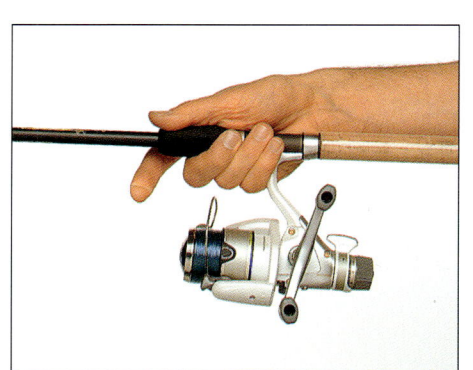

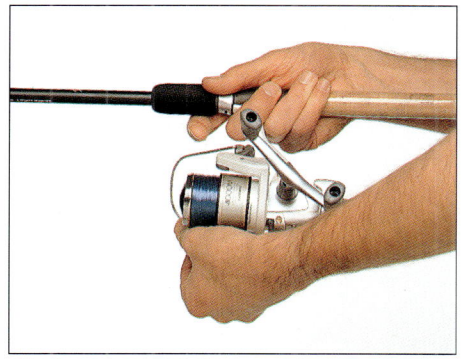

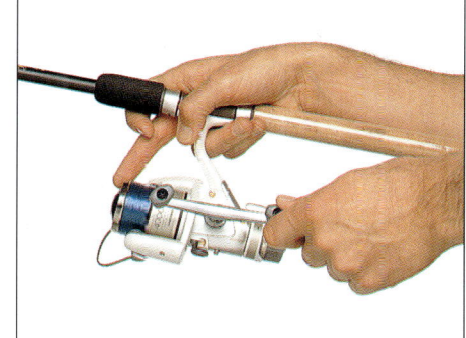

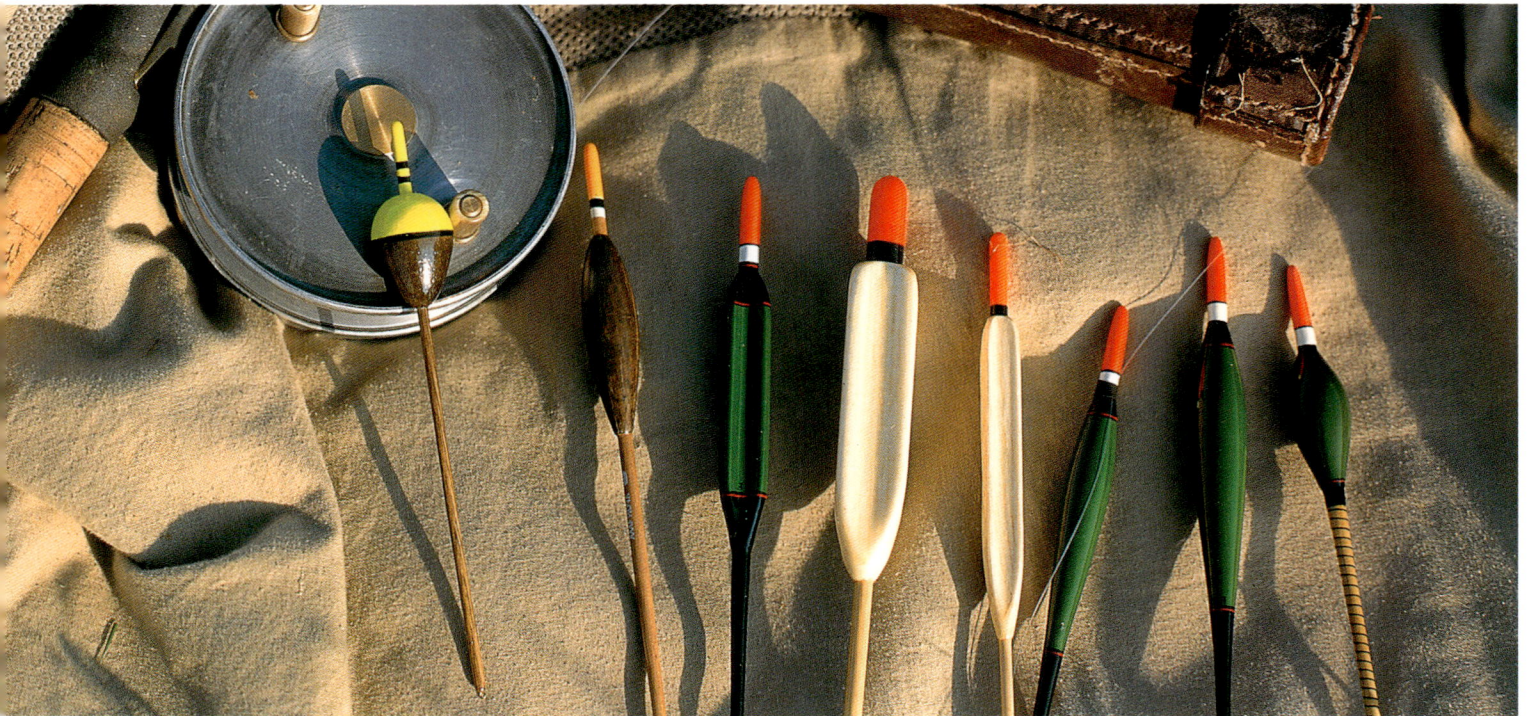

▲ **SPASS AM FLUSS**

Wenn Sie bereits einige Erfahrung haben, möchten Sie vielleicht mit einer Achsenrolle angeln. Damit wird das Treibangeln wirklich sehr einfach. Denn die Schnur wickelt sich perfekt ab und man hat permanent Kontakt zur Pose.

Rollen und Posen

Sie sollten Rute und Rolle möglichst zusammen kaufen, damit sie zusammenpassen und optimal funktionieren. Als Faustregel gilt: Rute und Rolle sollten sich leicht auf einem Finger balancieren lassen, irgendwo am oberen Griffende.

Kaufen Sie keine zu kleine Rute. Sie sollte 90 m Schnur mit einem Gewicht von 3–4,5 kg leicht halten können. Eine Rute, die kleiner ist, wird das Hecht- oder Karpfenangeln recht schwierig gestalten. Fragen Sie Ihren Angelhändler, ob die Rolle eine leichtgängige Bremse besitzt – das ist beim Drill des Fischs wichtig. Es ist außerdem immer gut, Ersatzspulen für die Rolle zu haben, da unterschiedliche Angelbedingungen auch verschiedene Schnurstärken erforderlich machen können. Sie brauchen wahrscheinlich eine Schnur mit 1,3–1,8 kg Tragkraft, eine

mit 2,7–3,6 kg Tragkraft und eventuell eine Spule mit einer 4,5 kg-Schnur. Das sollte eigentlich alles abdecken. Als Faustregel braucht man eine 1,3 kg-Schnur für kleinere Fische, eine 3,6 kg-Schnur für Barben und eine 4,5 kg-Schnur für Karpfen und Hecht. Das genügt für den Anfang.

Kaufen Sie stets Qualitätsschnur: Bei der Leine zu sparen, macht wirklich keinen Sinn, denn sie stellt schließlich die Verbindung zum Fisch her.

Jetzt brauchen Sie noch einige Schwimmer. Ich würde ein paar Stickposen für die Flussangelei empfehlen sowie mehrere Waggler für Seen und Teiche. Legen Sie sich eine Auswahl in unterschiedlichen Größen zu und vergessen Sie nicht, ausreichend Spaltblei an die Leine zu klemmen, damit die Pose sich aufrichtet, gut im Wasser liegt und leicht geworfen werden kann. Es ist besser, einen etwas zu schweren Schwimmer zu verwenden als einen zu leichten, weil Wurf und Kontrolle dann weniger schwierig sind. Suchen Sie Posen mit unterschiedlich gefärbten Spitzen aus, die bei verschiedenfarbigem Hintergrund gut erkennbar sind.

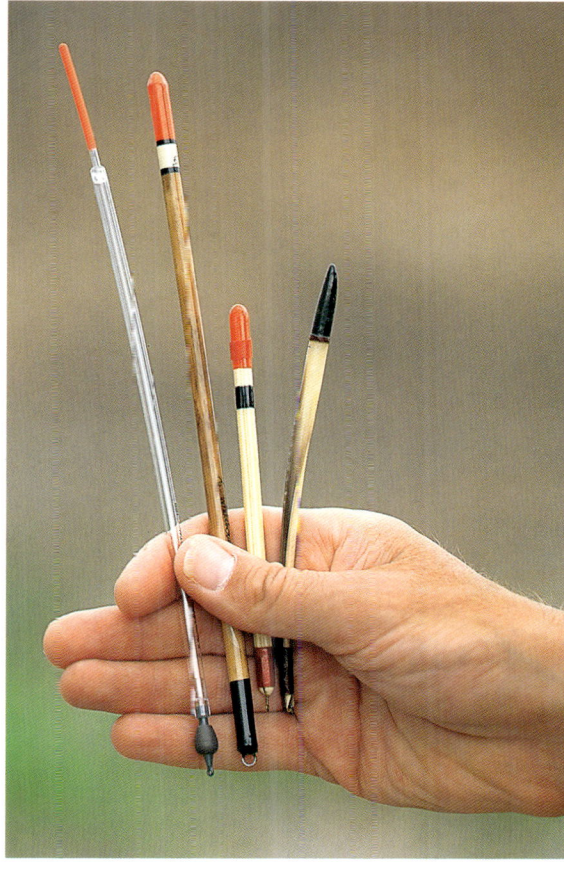

▲ STILLWASSERPOSEN

Die beiden Schwimmer links sind Waggler. Man befestigt sie nur mit dem unteren Ende an der Schnur. Die zwei Posen auf der rechten Seite sind für leichteres Arbeiten nahe am Fisch gedacht.

▲ FLUSSPOSEN

Eine Auswahl von Flussposen. Die linke, eine Stickpose, eignet sich gut für die Feinarbeit mit kleineren Fischen bei klaren Wasserverhältnissen. Der Schwimmer mit der gelben Spitze ist perfekt für einen Wurmköder und die beiden anderen funktionieren gut bei ziemlich starker Strömung.

▶ FLIESSWASSERPOSEN

Eine Auswahl von Fließwasserposen für schnellere Strömungen. Die drei Schwimmer auf der Linken haben alle eingekerbte Körper. Dadurch können sie gut mit der Strömung schwimmen und werden nicht vom Kurs abgebracht. Die beiden anderen Posen eignen sich perfekt für große Köder und strömungsreiche Verhältnisse.

▲ **APPETITHÄPPCHEN**
Sobald der Futterkorb ausgeworfen ist und am Boden ankommt, schwemmt die Strömung den Köder aus dem Körbchen und treibt ihn flussabwärts, wo die Fische stehen.

Zusatzausrüstung

Wenn Sie viel im Fluss angeln, brauchen Sie Swim Feeder – Futterkörbe, die es in verschiedenen Typen und Ausführungen gibt. Ich würde eine Auswahl unterschiedlich schwerer, offener und geschlossener Swim Feeder empfehlen. Sie können von 20 g leichten bis zu 70 g schweren gehen, letztere brauchen Sie in einem großen Fluss oder bei Flut. Auch hier sollten Sie auf eine gute Marke achten, denn Swim Feeder werden viel herumgestoßen und können auseinanderbrechen.

Haken sind natürlich essentiell. Ich würde Ihnen raten, Öhrhaken zu kaufen, in einer breiten Auswahl von Größe 4–18. Je höher die Zahl, desto kleiner der Haken – einen 18er Haken nimmt man für ein oder zwei Maden, während ein 4er ohne weiteres einen großen Brotklumpen oder ein paar Regenwürmer aufnimmt. Die Nummerierung erfolgt in Zweierschritten, daher werden Sie wohl acht Päckchen kaufen. Kaufen Sie nur

die Besten. Wie die Schnur gehört auch der Haken zum anspruchsvollsten Teil Ihrer Ausrüstung. Wenn er sich aufbiegt, geht der Fisch verloren. Suchen Sie widerhakenlose oder Haken mit Kleinstwiderhaken aus: Das erleichtert das Hakenlösen, und falls Sie sich mit dem Haken in den Finger stechen, lässt er sich relativ problemlos wieder herausziehen.

Sie benötigen auch eine Dose voll Spaltblei – verwenden Sie auf keinen Fall echtes Blei, das könnte Wildvögel gefährden –, ein paar Wirbel zur Befestigung des Vorfachs an der Schnur, und, ganz wichtig, eine Arterienklemme. Das ist ein wertvolles Werkzeug, mit dem man einen Fisch befreien kann, der den Köder etwas tief verschluckt hat.

Man braucht auch einen Kescher. Es ist keine gute Idee, einen Fisch, besonders wenn er groß ist, direkt ans Ufer zu schwingen. Suchen Sie einen mit ordentlicher Rahmengröße und weichem Netz aus. Denken Sie immer daran, dass Sie nicht jeden Fisch aus dem Wasser holen müssen, wenn er im Netz ist. In den meisten Fällen reicht es, sich über den Kescher zu hocken, den Fisch loszuhaken und ihn ins Wasser zurückzulassen, ohne dass er

die Oberfläche durchbricht. Sie können sich auch noch eine Waage kaufen. Aber ich meine, dass die Leute zu viele Fische wiegen, ohne darüber nachzudenken, ob es wirklich nötig ist. Wiegen erhöht den Stress, den die Fische ohnehin bereits erleben.

Zum Transport all dieser Geräte brauchen Sie eine Tasche. Wenn man sich am Ufer hinsetzen will, ist ein fester Gerätekasten praktisch. Ansonsten kann man auch einen kleinen Klapphocker mitnehmen.

◀ **MONSTER**

*Monsterwelse wie dieser verlangen nach Monster-
ködern. Dieser Wels hier wurde mit einem toten
Karpfen gefangen, der fast 500 g wog. Man sollte
seine Beute stets mit dem richtigen Köder locken.
Große Köder für große Fische, heißt die goldene
Regel.*

▼ **IM NETZ**

*Glücklich, wer seinen Fang im Netz hat! Als
nächstes sollte man ihn in den seichten Rand-
bereich zurücksetzen, wo man den Haken leicht
lösen kann. Danach kann man den Fisch – wohl
ein wenig beunruhigt von dieser seltsamer Erfahrung – wegschwimmen lassen.*

Welcher Köder?

Nun kommen wir zur komplizierten Frage des Köders – von denen es in der Tat Tausende gibt. Aber wir wollen die Sache soweit wie möglich vereinfachen.

Als erstes gibt es verschiedene „Küchen"-Köder – Brot, Käse, Salami, Frühstücksfleisch, Mais – eigentlich fast alles, was man im Vorratsschrank findet und was sich aufspießen lässt.

Dann gibt es Köder aus dem Laden. Für kleine Fische in Flüssen mit hohem Wasserdruck sind Maden und deren Puppen, die Caster heißen, fast unschlagbar. Die verkauft eigentlich jeder gute Angelhändler. Gehen Sie sorgfältig mit Ihren Maden um, sie sollten weder zu warm werden noch ersticken, sonst haben Sie hinterher nur eine klebrige Masse übrig.

Angelfachgeschäfte verkaufen auch Hanfsamen, die ein sehr wirksames Grundfutter sind. Man kocht sie auf und lässt auf kleiner Flamme weiterköcheln, bis die schwarze Haut aufplatzt und man das weiße Innere sieht.

KÖDERPFLEGE

1 Lassen Sie Brot nicht in der Sonne trocknen, sonst wird es zu hart, um es um den Haken zu formen. Lassen Sie es möglichst in einer Plastiktüte in Ihrer Tasche.

2 Halten Sie Würmer und Maden, gleich ob gekauft oder gesammelt, von Wärme fern, sonst sterben sie bald.

3 Halten Sie Ihren Vorrat an Köderwürmern feucht, vielleicht mit Moos oder nasser Zeitung. Wenn Sie in der Dose einen toten Wurm finden, entfernen Sie ihn sofort, damit die anderen nicht angesteckt werden.

4 Öffnen Sie Dosenmais zu Hause und füllen sie ihn in einen Plastikbehälter. Weggeworfene Blechdosen können am Ufer Wildtieren, besonders aber Rindern Schaden zufügen.

5 Entsorgen Sie übriggebliebene Köder am Ende des Tages ordentlich. Niemand freut sich über den Anblick von verrottendem Mais und Frühstücksfleisch am Uferstreifen. Nehmen Sie alles wieder mit, was nicht gerade von Schwänen oder Wildvögeln gefressen wird.

6 Wenn Sie wissen, dass Sie eine Zeitlang nicht mehr angeln gehen, werfen Sie übriggebliebene Würmer und Maden lieber ins Gras als sie in der Dose sterben zu lassen.

7 Denken Sie wirtschaftlich: es ist viel billiger, eine große Dose Mais zu kaufen, statt mehrere kleine.

Viele Händler verkaufen diesen Köder sogar fertig zubereitet.

Wenn Sie Hechte fangen wollen, benötigen Sie auch ein paar tote Fischköder. Sie können normale Süßwasserfische nehmen, aber das könnte den Bestand gefährden. Gehen Sie lieber ins Fischgeschäft und holen Sie sich Makrelen, Sardinen oder Sprotten. Sie können auch gefrorene Fische mitnehmen, die sind fester und leichter zu werfen.

KÖDERAUSWAHL

1 **BROT** Toastbrotscheiben sind ein perfekter Hakenköder.

2 **WURST** Gekochte Wurst lässt sich in Scheiben schneiden.

3 **FRÜHSTÜCKSFLEISCH** Bleibt gut auf dem Haken.

4 **STREICHKÄSE** Mit Brot zu einer Paste verarbeitet: exzellenter Köder.

5 **BROTKRUSTEN** Besonders für Karpfen gut geeignet.

6 **MAIS** Ist für die meisten Friedfische ein wirksamer Köder.

7 **OBST** Selbst eine einfache Banane zieht Fische wie den Döbel an.

▶ WER SUCHET, DER FINDET

Es lohnt sich stets, unter großen Baumstämmen, Steinen oder was immer Sie am Ufer finden, nachzusehen. Da gibt es immer Nacktschnecken, Gehäuseschnecken und Würmer – alle hervorragend als natürliche Köder für eine Vielzahl von Fischarten geeignet.

„Boilies"

Das Aufkommen der „Boilie"-Köder hat einen der sensationellsten Erfolge in der Ausrüstungsindustrie bewirkt. „Boilies" sind murmelartige Kreationen aus Ei und einer Grundmischung etwa mit Soja, Aromen und Farbstoffen. Diese Mischung wird gekocht, bis sich außen eine Kruste bildet. Boilies wurden ursprünglich für Karpfen entwickelt, finden nun aber auch bei Barbe, Schleie, Döbel und Brachsen Verwendung. Es gibt wirklich Hunderte verschiedener Zubereitungen – ich würde den Rat des Angelhändlers berücksichtigen, wenn Sie glauben, dass Boilies wirklich nötig sind.

Nun zu den natürlichen Ködern. Regenwürmer aus dem eigenen Garten werden fast von jedem Fisch genommen. Man kann auch ins Flachwasser eines Flusses waten, Steine umdrehen und die Larven abklauben, die man dort findet. Köcherfliegenlarven sind besonders geeignet für Flussfische.

▲ WIE EIN FISCHREIHER

Hier wate ich auf der Suche nach einem großen Stein durch seichtes Wasser. Am Flussboden siedeln sich die unterschiedlichsten Wesen an und man kann dort eine ganze Reihe natürlicher Köder finden.

◀ KÖCHERFLIEGENLARVEN

Schauen Sie sich diesen Stein an! Da sitzt eine richtig saftige Köcherfliegenlarve, die sich aus Steinchen und Sand einen Schutzwall gebaut hat. Dort wohnt sie, abgeschirmt von der Außenwelt, bis sie sich in eine Fliege verwandelt. Als Larve ist sie für viele Fischarten ein perfekter Köder.

SPINN-FISCHEN

Spinnfischen

WOLLEN SIE EINEN RAUBFISCH FANGEN, KÖNNEN SIE ENTWEDER EINEN ECHTEN (TOTEN) FISCH ODER EINEN KÜNSTLICHEN AUS HOLZ, PLASTIK, METALL ODER GUMMI VERWENDEN. DIE GANZE KUNST DES ANGELNS MIT KUNSTKÖDERN BESTEHT DARIN, LEBLOSE OBJEKTE FÜR EINEN HUNGRIGEN RÄUBER WIE FLÜCHTENDE ODER VERWUNDETE FISCHE AUSSEHEN ZU LASSEN.

▼ **SPINNER-VERGNÜGEN**
Dieser kleine, aber wunderschöne Flussbarsch wurde bei hellstem Sonnenschein mit einem Spinner gefangen. Es zahlt sich wirklich aus, je nach Lichtverhältnissen mit verschiedenfarbigen Blättern zu arbeiten.

Es gibt Tage, an denen man einfach nur tote Fische verwenden kann (siehe Seite 60). Vielleicht ist das Wasser sehr trüb oder die Temperatur besonders niedrig – zwei Fälle, in denen Raubfische eine leichte Mahlzeit bevorzugen, die sie nur vom Boden auflesen müssen. Doch in den meisten Fällen ist das Angeln mit Kunstködern sehr aufregend und äußerst effektiv.

AUSRÜSTUNG ZUM SPINNFISCHEN

Spinnfischen hat sich in den letzten Jahren mehr und mehr zu einer exakten Wissenschaft entwickelt. Heute findet man auf dem Köder-Markt eine verwirrende Vielfalt von Formen, Größen, Farben und Designs. Aber keine Angst, lassen Sie sich Zeit und allmählich wird sich das nötige Know-how einstellen.

Obwohl man fast jede Rute einsetzen kann, macht es mehr Freude, wenn man eine verwendet, die dafür vorgesehen ist. Spinnfischen bedeutet ununterbrochenes Auswerfen und Einholen, den ganzen Tag lang, daher ist eine zu schwere Rute hier nur hinderlich. Zu lang sollte sie aber auch nicht sein – 2,4–2,7 m sind ideal, denn das verringert das Gewicht und erhöht die Wurfgenauigkeit. Es gibt auf dem Markt heute viele Kunstköderruten, amerikanische Modelle finden sich weltweit, man muss also keine Höchstpreise zahlen.

1 SCHULTERTASCHE Praktisch für eine kleine Ausrüstung.

2 POLARISATIONSBRILLE Für den Blick durch die Oberflächenspiegelung.

3 ARTERIENKLEMME Damit lassen sich Haken einfach und sicher lösen.

4 STATIONÄRROLLE Für problemlose Würfe ist eine Stationärrolle unerlässlich.

5 STAHLVORFACH Ist ein Muss bei allen Raubfischen mit scharfen Zähnen.

6 SPINNRUTE Eine Spinnrute sollte leicht, nicht zu lang und bequem sein, ohne den Arm zu ermüden.

7 WOBBLER Ein zweigeteilter Wobbler zuckt schön durchs Wasser.

8 METALL-BLINKER Metall-Löffel besitzen eine gute Aktion im Wasser und reflektieren das Licht. Beachten Sie, dass Blinker und Wobbler an einem Stahlvorfach befestigt sind!

9 DRILLINGE Eine Auswahl an Drillingen zum Angeln mit Köderfischen.

10 SENKGEWICHTE Nützlich, um einen Kunstköder tiefer ins Wasser zu bringen oder einen toten Köder am Grund zu verankern.

11 HECHTPOSEN Eine Auswahl von Hechtposen in verschiedenen Größen für unterschiedliche Situationen.

12 THERMOMETER Die Wassertemperatur kann eine wesentliche Rolle spielen. Ist es sehr kalt, kann das Angeln mit Köderfisch mehr Erfolg haben als mit Löffel oder Wobbler.

▲ **ANGELGERÄT**

Eine leichte, gut reagierende Rolle mit sanftem Bremsmechanismus ist unabdingbar. Beachten Sie, dass die Rute auf dem Bild eine angeschraubte Rolle besitzt, was bei dauerndem Auswerfen für zusätzliche Sicherheit sorgt.

▼ **ERFOLG MIT KUNSTKÖDER**

Dieser tolle Hecht – an die 13,5 kg – wurde mit einem Mittelwasser-Wobbler gefangen, der um ein paar große Felsen in recht tiefem Wasser gefischt wurde. Hechte nutzen solche Stellen oft für einen Hinterhalt. Versuchen Sie, wie ein Fisch zu denken: Wenn Sie einen Ort sehen, wo sich ein dicker Räuber vor vorbeischwimmenden Beutefischen verstecken könnte, lohnt es sich, genauer nachzuforschen.

Die Wahl der Ausrüstung

Sie können fast jede Rolle verwenden, sie sollte nur nicht zu schwer sein. Eine relativ kleine Stationärrolle – wie man sie zum Posenangeln an stehenden Gewässern oder beim Angeln mit Futterkorb an Flüssen benutzt – ist ideal, vorausgesetzt, sie trägt etwa 90 m einer 3,6 – 4,5 kg-Schnur. Wenn

Sie eine leichte Rute benutzen, vergessen Sie nicht, dass die Rolle nicht zu schwer sein sollte. Die Ausstattung wird sich sonst selbst für einen Anfänger nicht gut anfühlen. Wenn Sie richtig einsteigen, wollen Sie vielleicht eine kleine Multirolle verwenden, wie sie in den USA beliebt sind. Aber das heben wir uns am besten für später auf.

Die Schnur ist beim Angeln mit Kunstködern besonders wichtig, da sie viel umhergeworfen wird. Beim Grundangeln beispielsweise werfen Sie die Leine aus und warten eine halbe Stunde oder länger. Mit Kunstködern wird die Schnur ständig bewegt und steht niemals still. Daher zahlt es sich immer aus, eine gute, starke und widerstandsfähige Schnur zu kaufen. Vielleicht wollen Sie es auch mit geflochtener Schnur versuchen, die teuer, aber zäh und langlebig ist. Wenn Sie sich dafür entscheiden, lesen Sie auf jeden Fall die Anweisungen auf der Packung. Die Hersteller empfehlen möglicherweise spezielle Knoten und es zahlt sich aus, ihrem Rat zu folgen.

Sie benötigen auch ein Stahlvorfach, selbst wenn Sie nach Raubfischen ohne spitze Zähne wie Barsch oder Forelle angeln. Das Problem liegt darin, dass auch Hecht, Hechtbarsch und Zander ohne weiteres nach dem Spinner schnappen und eine normale Leine mit ihren scharfen Zähnen kappen könnten. Dadurch verlieren Sie einen Köder, aber was noch schlimmer ist, Sie hinterlassen einen Fisch mit einem tödlichen Blechgeschirr im Maul. Also, bitte immer Stahlvorfächer!

Dann brauchen Sie mindestens einen Wirbel. Ohne Wirbel kann sich die Leine unglaublich verdrehen und binnen Minuten knicken und unbrauchbar werden. Wirbel müssen eine Menge Arbeit leisten, kaufen Sie also auf jeden Fall eine bekannte Marke und nicht etwas zu Billiges, das Sie im Stich lässt.

Ihr Köder wird mit Hilfe eines Karabiners am Stahlvorfach befestigt. Das ist das letzte und wichtigste Stück Ihrer Ausrüstung; wenn er sich verkrümmt und biegt, werden Sie den Fisch verlieren. Also, noch einmal, der allerbeste Rat ist, ihren Angelhändler nach einer guten, starken und zuverlässigen Ausführung zu fragen, die Sie nie im Stich lässt.

ABC DES SPINNFISCHERS

ARTERIENKLEMME – Arterienklemmen oder -zangen sind sehr nützlich, wenn es darum geht, die Haken aus dem Maul eines Räubers zu holen – besonders bei Hechten. Langschenkelige Klemmen sind oft äußerst hilfreich.

KUNSTKÖDER – allgemeiner Begriff für die künstliche Kreation, die einen natürlichen Beutefisch nachahmen soll.

LÖFFEL (BLINKER) – ein größeres Stück Metall in Löffelform, das sich zuckend und rotierend durchs Wasser bewegt und so Signale an einen hungrigen Räuber aussendet.

SCHLEPPFISCHEN – Schleppfischen wird nur vom Boot aus gemacht. Man kann ein bis sechs Ruten im Einsatz haben, und jede hat am Ende einen Wobbler, Spinner oder Blinker. Dann wird der Motor angeworfen und wenn das Boot losfährt, werden die Köder hinter dem Boot hergeschleppt. Das ist eine gute Methode für große Raubfische in Seen.

SPINNEN – dabei wird einfach nur ein kleiner Spinner durch die verschiedenen Wasserschichten auf- und abbewegt, um Raubfische anzulocken.

SPINNER – ein Spinner ist ein kleines Metallstück, das sich rotierend durchs Wasser bewegt, Licht reflektiert und aussieht wie ein kleiner Beutefisch.

VORFACH – das Vorfach ist etwa 50 cm lang und verbindet den Köder mit dem Wirbel am Ende der Hauptschnur. Dieses Vorfach besteht in der Regel aus Stahldraht – vor allem wenn man Hecht, Hechtbarsch, Zander oder Muskie erwartet. Die Zähne dieser Arten können normale Nylonschnüre einfach durchbeissen.

WEICHPLASTIKKÖDER – kleine Gummiköder, die Fröschen, Eidechsen, jungen Aalen usw. nachempfunden sind. Es gibt sie in verschiedenen Farben, die gut aussehen und sich gut anfühlen.

WIRBEL – Die Hauptschnur von Rute und Rolle wird am Vorfach mit einem Wirbel befestigt. Dadurch kann der Köder rotieren, ohne die Hauptschnur zu verdrehen.

WOBBLER – ein Wobbler besteht aus Holz, Plastik oder Metall und soll kleinen Beutefischen gleichen. Es gibt Oberflächen-, Mittelwasser- und Tiefenwobbler. Fast alle besitzen im Wasser eine heftige Zuckaktion, die Schwingungen aussendet.

▲ **SCHNELL GESCHEHEN**
In solchen Momenten kann leicht etwas schief gehen! Hat der Fisch nur ein letztes Quäntchen Energie und schafft es, mit einem letzten Sprung oder einer Kopfbewegung einen losen Haken abzuschütteln, sollte man sofort Leine lassen. Einen Fisch nie keschern, ehe er völlig geschlagen ist und auf der Seite liegt!

◄ **WOBBLER IN NAHAUFNAHME**
Wobbler gibt es in den unterschiedlichsten Formen, Größen und Farben. Zweigeteilte Wobbler (wie der obere und untere hier im Bild) besitzen oft sehr lebensechte Bewegungen. Holt man sie langsam ein, sehen sie wirklich wie verwundete Fische aus – und damit wie eine schnelle Beute.

Die Wahl des Köders

Jetzt wollen wir uns mit den Ködern selbst beschäftigen, und hier wird es kompliziert. Sie werden beim Angeln immer viele Entscheidungen treffen müssen. Aber eine der wichtigsten ist die Entscheidung für den richtigen Köder, echt oder künstlich, der den Fisch an dem betreffenden Tag anlockt. Sie müssen wirklich versuchen, sich in die Lage des Räubers zu versetzen. Wonach wird er suchen? Wie kann man einen Köder präsentieren, sodass er wie ein echtes Lebewesen wirkt? Ihre Vor-

stellungskraft wird Ihnen auch beim Einholen des Köders helfen. Sie müssen das Ding so echt wie möglich aussehen lassen.

Zuerst betrachten wir die Wobbler. Ein Wobbler besteht aus Holz oder Plastik und soll einem kleinen Beutefisch ähneln. Der Vorteil der Wobbler besteht darin, dass man für jede Wassertiefe, die man erkunden möchte, einen haben kann. Es gibt die unterschiedlichsten Wobbler-Designs, was Ihnen am Anfang vielleicht beunruhigend erscheint. Aber als grobe Richt-

line zahlt es sich aus, einige Schwimmwobbler mit Tauchschaufel zu kaufen, die in der Regel direkt unter der Oberfläche bis auf etwa 1,80 m Tiefe arbeiten. Sie sind ideal für krautige Gewässer im Sommer. Als nächstes kaufen Sie wahrscheinlich ein paar Oberflächenwobbler, die, wie ihr Name sagt, genau an der Oberfläche arbeiten, wo sie glucksen und spritzen und eine Bewegung verursachen. Das Erlebnis,

▼ **ZICKZACK-ZUCK**
Eine typische Auswahl an Plastikködern, die oft auch Twister genannt werden. Sie sehen aus wie natürliche Beute und fühlen sich auch so an. Der Bleikopf am Haken (Jig genannt) trägt den Gummi-Twister mit einer flatternden Bewegung nach unten, Sie holen ihn mit einem Zucken wieder zur Oberfläche. Einfach unwiderstehlich!

▲ GLÄNZENDES SILBER

Der Zander – nächster Verwandter des amerikanischen Hechtbarschs – ist ein Raubfisch, der in Schwärmen lebt. Er wächst auf eine Maximalgröße von 9 kg heran, aber im Durchschnitt wiegt er halb so viel. Dieser wunderschöne Fisch wurde mit einem kleinen Spinner im Kaspischen Meer gefangen. Tote Köderfische und Wobbler eignen sich aber ebenso gut.

einen dieser Köder über die Wasseroberfläche zu bewegen und zu beobachten, was für eine Bugwelle er erzeugt, kann sehr viel Spaß machen ... vor allem wenn ihm eine wachsende Anzahl von erbeuteten Fischen folgt!

Dann braucht man einige Tauchwobbler, die in mehr als 1,80 m Tiefe arbeiten und auf 6–9 m herabsinken können. Diese Köder sind meist größer und werden in der gesamten nördlichen Hemisphäre in tiefen Seen verwendet. Besonders im Winter sind sie sehr hilfreich, aber auch im Sommer bei Hitze, wenn die Fische nämlich nach unten abtauchen, um der Sonne zu entkommen.

Mit diesen drei Wobbler-Typen sollten Sie für die meisten Situationen gerüstet sein.

Weichplastikköder sind aus einem Gummiplastikgemisch und es gibt sie in allen Formen und Größen. Sie sollen unterschiedliche Unterwassertiere nachahmen ... auch solche, die es nie gegeben hat. Sie eignen sich am besten für Barsch, Forelle, Hecht und Zander. Die Weichplastikauswahl beinhaltet Würmer, Eidechsen, Larven, Kröten, Frösche, Ratten, Mäuse – also alles, was möglicherweise jemals über einen Teich geschwommen ist. Manche arbeiten an der Oberfläche, andere werden in Grundnähe zuckend auf- und abbe-

wegt. Diese Bewegung ist einfach: Sie halten die Schnur zum Köder gespannt und bewegen Ihre Rute auf und ab, sodass der Köder mit einer Flatterbewegung aufsteigen und hinabfallen kann. Sie werden sehen, dass besonders Barsche den Köder in jeder Bewegungsphase schnappen.

▶ **ERFOLGREICH AN DER OSTSEE**

Dieser schöne Hecht aus der Ostsee wurde im Frühjahr gefangen, als er das Meer verließ, um in den flachen Buchten zu laichen. Zu dieser Jahreszeit sammeln sich die Hechte in großer Anzahl.

ANGELN MIT TOTKÖDER

1 Ein toter Köderfisch, den der Raubfisch am Geruch erkennt, kann sehr wirkungsvoll sein, wenn das Wetter entweder sehr kalt ist und/oder das Wasser sehr trüb ist. In kaltem, schlammigem Wasser besteht kaum eine Chance, dass ein Hecht, Barsch, Zander oder sonst ein Fisch Ihren Köder wirklich sehen kann. Und selbst wenn es so wäre, würde er kaum wertvolle Energie darauf verschwenden, danach zu jagen.

2 Verwenden Sie keine Wildfische als Totköder, sondern nehmen Sie Fisch, der zum Verzehr bestimmt war – kleine Meeresfische wie Stinte oder Sardinen, oder kleine Zucht-Regenbogenforellen. Wenn Sie bei diesem Köder bleiben, gehen Sie sicher, keine örtlichen Wildfischbestände zu gefährden.

3 Das Angeln mit Totköder muss nicht langweilig sein. Sie können den Köder zuckend zu sich heranholen – eine Methode, die man Sinken und Zupfen nennt – oder man lässt die toten Fische unter einer Pose treiben. Das kann aufregend werden, wenn die Pose in 180 m Entfernung nach unten gezogen wird.

4 Gute Bissanzeiger sind sehr wichtig, wenn man mit toten Fischen angelt. Es passiert nur zu gern, dass ein Hecht oder anderer Raubfisch den toten Fisch am Haken verzehrt, fast ohne die Leine zu bewegen. Dadurch verhakt der Fisch sich sehr tief. Sie sollten den Blick also fest auf Schnur oder Pose ausrichten.

5 Beim Angeln mit Totköder verwendet man natürlich Haken ohne Widerhaken. Wenn das den Wurf auf große Entfernungen erschwert, sollten Sie den Köder einfach mit Gummiringen am Vorfach festbinden, was die Sicherheit erhöht. Wenn Sie gefrorenen Fisch als Totköder verwenden, haken Sie ihn für sehr weite Würfe gefroren an, sodass er erst im Wasser allmählich auftaut.

Mehr Kunst-Köder

Löffel werden aus Blech zurechtgeschnitten. Nach dem Wurf bringt die Löffelform sie im Wasser zum Wobbeln. Ihr auffälliges, glänzendes Aussehen spiegelt jeden Sonnenstrahl und sendet verlockende Lichtblitze aus. Die meisten Blinker sind recht schwer und eignen sich daher gut dafür, tiefe Unterwasserlandschaften auszukundschaften. Verwendet man Löffel, ist es ungeheuer wichtig, stabile Wirbel in guter Qualität einzusetzen, sonst kann sich die Leine ziemlich verdrallen. Der Blinker sollte auch stets gut poliert sein. Je mehr er glänzt, desto wirksamer ist er.

Zum Schluss beschäftigen wir uns noch mit dem Spinner-Köder. Er hat ein abstehendes Blatt, das am Schaft wie ein Propeller angebracht ist. Wenn Sie einen Spinner einholen, lässt der Was-

TIPPS FÜRS SPINNFISCHEN

1 Haken Sie Fischfetzen oder Speckrinde an den Drilling eines Spinners – das kann oft einen vorsichtigen Fisch verlocken.

2 Die Wahl des richtigen Spinners kann zum Alptraum werden, daher kauft man am besten ein paar von jeder gängigen Sorte und entwickelt seine eigenen Erfahrungen.

3 Probieren Sie nachts Oberflächenköder aus, besonders bei ruhigem Wasser und Vollmond. Zu solchen Zeiten sind die Fische sehr aktiv, speziell im Sommer.

4 Wenn ein Räuber Ihrem Köder folgt, sollten Sie Ihre Bewegung keinesfalls verlangsamen. Der Köder wirkt dann weniger echt und der Räuber verliert das Interesse. Wenn überhaupt, sollten Sie den Köder eher beschleunigen.

5 Bemalen Sie einen großen Wobbler mit großen weißen Punkten. Dann meint der Raubfisch, dass Ihr Kunstköder Pilzbefall hat und damit leichte Beute ist.

6 Tragen Sie beim Fischen mit Kunstködern stets eine Feile bei sich. Schärfen Sie die Drillingspitzen vor dem Einsatz. Das kann den Ausschlag geben, ob ein Fisch gut gehakt ist oder sich freischütteln kann.

7 An großen Drillingen sollten Sie die Widerhaken stets plätten. Wenn nicht, kann der Fisch sich verhaken und das Lösen des Hakens wird zum Alptraum.

8 Vergessen Sie nie, zum Spinnfischen eine lange, stabile Arterienklemme mitzunehmen. Man benötigt sie zum Loshaken jedes mit dem Kunstköder gefangenen Fischs. Sie können die Haken nicht einfach mit den Fingern herausholen – besonders wenn der Fisch, den Sie gerade gefangen haben, ein Hecht ist.

9 Wenn Sie nicht in den USA wohnen und ein Freund hinfährt, lassen Sie sich vorher Kataloge schicken, markieren Sie die benötigte Spinnfischausrüstung und bitten Sie den Freund, das für Sie zu besorgen. Es gibt eine große Auswahl und alles ist wesentlich günstiger.

serwiderstand das Blatt rotieren und blinken, und das zieht eine Vielzahl von Räubern an. Beim Kauf der Spinner sollten Größe, Farbe und Schwingung in Betracht gezogen werden, aber wie gesagt, keine Angst – ein guter Angelhändler wird Ihnen empfehlen, die bekannten Marken zu kaufen, mit denen seit Generationen Fische gefangen werden. Am wichtigsten ist es, ein paar Varianten parat zu haben, denn manchmal wirkt eine bestimmte Farbe an einem bestimmten Tag, wenn alles andere versagt. Meine Lieblingsfarben sind Silber und Gold mit unterschiedlichen Farbtupfen – normalerweise in Rot – auf dem Blatt. Außerdem halte ich einen roten Wollfaden am Hakenschenkel für vorteilhaft, besonders für Fischarten wie dem Barsch, der dem Köder

oft pickend und knabbernd einige Meter weit folgt, eher er sich schließlich entscheidet. Bewahren Sie ihre Köder ordentlich auf! Wenn Sie sie einfach nur in eine alte Dose werfen, verhaken sie sich fürchterlich ineinander. Es gibt heute viele spezielle Köderdosen und ich rate Ihnen, sich eine zu besorgen. Vergessen Sie nicht die Hakenkappen – diese kleinen Plastikhauben passen über Drillinge, damit sie sich nicht verhaken. Sie schützen die Köder auch bei Transport und Benutzung.

Es zahlt sich aus, die Köder an einem warmen, trockenen Ort aufzubewahren. Es gibt nichts Schlimmeres als nach ein paar Monaten festzustellen, dass Drillinge, Spinner und Löffel allesamt in einem feuchten Schuppen verrostet sind.

▲ **VERLOCKEND**
Es gibt Köder in allen Formen und Größen und manchmal können sogar völlig fischunähnliche Metallgebilde so geformt sein, dass sie im Wasser in einer überraschend lebensechten Weise flattern und zucken. Beachten Sie, dass all diese Köder mit einem Stahlvorfach gefischt werden.

▲ **MIT DEM LÖFFEL GEFÜTTERT**
Die löffelförmigen Blätter an diesen Spinnern erzeugen im Wasser Blitze und Schwingungen, die Raubfische aus großer Distanz anlocken. Der biegsame, schwimmende Gummikörper erinnert auch an einen fliehenden Fisch.

FLIEGEN-
FISCHEN

Fliegenfischen

SEIT JEHER HABEN ANGLER VERSUCHT, INSEKTEN MIT KREATIONEN AUS FELL, FEDERN ODER HAAR NACHZUAHMEN. SINN DER ÜBUNG IST, FORELLEN, ÄSCHEN UND LACHSE – ALLGEMEIN ALS SPORTFISCHE BEKANNT – DAVON ZU ÜBERZEUGEN, DASS DIE IMITATION EIN LEBENDES INSEKT IST.

▲ **WEITERKÄMPFEN**

In einem schnell fließenden Fluss ist eine große Forelle an den Haken gegangen. Beachten Sie, dass die Rute im 45°-Winkel hoch gehalten wird, um die Sprünge des Fischs flexibel abzufedern. Die eingeholte Leine liegt zu Füßen des Anglers. Das ist oft schneller, als sie einzuspulen.

Fliegen sind ziemlich leicht, daher benötigt man Gewicht, um sie auszuwerfen. Das Gewicht liegt in der Fliegenschnur, und eine sehr biegsame Rute kann eine Schnur viele Meter weit werfen. Manche Fliegen schwimmen – sie heißen Trockenfliegen. Andere sinken ab – die Nassfliegen. Es gibt daher auch

Fliegenschnüre, die schwimmen, und andere, die abtauchen. Wenn Sie Fische nahe am Grund erreichen wollen, können Sie mit einer sinkenden Leine arbeiten; eine Trockenfliege benutzen Sie mit einer schwimmenden Schnur.

Wundern Sie sich nicht über die Preisschilder an manchen Ruten, Rol-

len und Leinen im Angelgeschäft oder Katalog! In der Welt des Fliegenfischens gibt es bei Angelgeräten eine unendliche Vielfalt. Aber es reicht völlig aus, etwas am unteren Ende der Preisskala zu erwerben, das günstig und zuverlässig ist und über Jahre gute Dienste leistet.

FLIEGENFISCHER-AUSRÜSTUNG

1 HUT Ein Hut beschattet das Gesicht.

2 POLARISATIONSBRILLE Erlaubt einen Blick, welche Fliegen die Fische fressen.

3 TASCHE Für die gesamte Ausrüstung.

4 FISCHTÖTER (PRIEST) Tötet einen Fisch.

5 NYLONSCHNUR Leine in verschiedenen Stärken zur Anfertigung eigener Vorfächer.

6 FLIEGENFETT Für Trockenfliegen.

7 FERNGLAS Mit ihm kann man herausfinden, welche Fliegen schlüpfen.

8 ARTERIENKLEMME Notwendig zum Entfernen des Hakens.

9 SCHNURFETT Hält die Schnur oben.

10 VORFÄCHER Verjüngte Vorfächer aus dem Laden sind teurer als selbstgeknüpfte, doch man kann sehr schön mit ihnen angeln.

11 ALLROUND-KNIPSER Unentbehrlich!

12 BISSANZEIGER Beim Angeln mit Nymphenmustern sind sie sehr nützlich.

13 VERSCHIEDENE FLIEGEN Die Sammlung hier zeigt Nassfliegen, Nymphen, Trockenfliegen und eine große Lachsfliege.

▶ **SCHÖNHEIT AUS DEM MOOR**
Forellen findet man in allen Formen und die Größe sagt nichts über ihre Qualität. Diese sehr kleine, doch außerordentlich schöne Forelle stammt aus einem schottischen Gebirgsbach in etwa 600 m Höhe. Trotz eher knappem Nahrungsangebot hat sie eine atemberaubende Farbgebung.

ABC DES FLIEGENFISCHERS

ANHIEB – das Anheben der Rute, um den Haken zu setzen, sobald der Fisch die Fliege genommen hat.

FLIEGENSCHNUR – eine plastik- oder polymerüberzogene Schnur, die dem Fliegenfischer das nötige Gewicht für das Werfen der Fliege verleiht.

NASSFLIEGE – eine Kunstfliege, die tauchen kann.

NYMPHENFISCHEN – die Verwendung einer künstlichen Nymphe, die echt aussieht.

SICHTFISCHEN – das bedeutet, dass man einem Fisch, den man gesichtet hat, auflauert und nach ihm angelt.

STANDPLATZ – eine Stelle, an dem die Forelle sich gerne aufhält, besonders in einem Fluss.

STEIGEN – so bezeichnet man das Auftauchen einer Forelle, die an die Oberfläche kommt, um ein Insekt aufzuschlürfen. Außerdem nennt man so die Zeit am Tag, wenn viele Forellen an die Oberfläche kommen, um zu fressen.

TIPPET – die Vorfachspitze ist das etwa 90 cm lange Ende des Vorfachs, an dem die Fliege befestigt ist.

TROCKENFLIEGE – eine künstliche Fliege, die schwimmt.

VORFACH – diese Nylonleine verbindet die schwere Fliegenschnur mit der künstlichen Fliege. Sie ist verjüngt, nahe der Fliegenschnur dicker, zur Fliege hin dünner. Das Vorfach hat ungefähr die Länge der Rute – bei schwierigen Verhältnissen ist sie länger.

Ausrüstung zum Fliegenfischen

Ich glaube, ein Anfänger wird kaum mit etwas so Exotischem wie dem Lachs starten. Es empfiehlt sich daher mit etwas zu beginnen, das leichter zugänglich ist. Betrachten wir zunächst Ruten, Rollen, Leinen, Fliegen und Zubehör des Forellenanglers. Für den Anfang nimmt man eine etwa 2,7 m lange Rute, die Schnüre im Bereich von Nr. 6–8 tragen. Ruten und Schnüre sind nummeriert, damit man weiß, wie sie zu kombinieren sind. Eine 1 er Ausrüstung ist sehr leicht und genügt für den Forellenfang in ganz kleinen Bächen. 10 er Gerät eignet sich hingegen für ein weites Reservoir bei recht windigen Bedingungen. Wie erwähnt, ist eine Ausrüstung im Bereich 6–8 für den Anfänger zunächst bei fast jeder Gelegenheit ideal.

Die erste Rute muss nicht unbedingt viel Geld kosten – obgleich die Ausführung umso perfekter ist, je mehr sie dafür zahlen. Holen Sie sich den besten Rat, den Sie bekommen können und wenn möglich, probieren Sie die Rute selbst aus. Manche Angelhändler haben einen Teich in ihrem Garten, an dem Sie ein paar Probewürfe ausführen können. Dadurch stellen Sie sicher, dass Sie beim Zusammenspiel von Rute und Rolle ein gutes Gefühl haben. Harmonie ist das Zauberwort beim Fliegenfischen. Rute, Rolle und Schnur sollten alle im Einklang miteinander sein und man sollte nicht den Eindruck haben, sich anzustrengen.

▲ **FLIEGENAUSRÜSTUNG**

Eine brandneue Fliegenrute und Rolle, fast fertig zum Einsatz. Ich sage fast, weil die Zellophanhülle noch vom Korkgriff entfernt werden muss, sonst fängt er an zu schwitzen und verformt sich bei Gebrauch und feuchten Bedingungen. Die Rolle ist fest am Griff verankert. Dadurch bleibt sie bei heftigen Würfen fest mit der Rute verbunden.

▶ **MONGOLISCHER RIESE**

Der mächtige Sibirische Huchen ist das älteste Mitglied der Lachsfamilie. Sein Verbreitungsgebiet umfasst heute nur noch Teile Sibiriens, Chinas und der Mongolei. Der Fisch kann riesig werden – bis zu 45 kg schwer –, lässt sich aber trotzdem mit einer Fliege fangen, wenn man sich auf einen langen Drill einstellt

Fliegenschnüre

Viele behaupten, dass die Rolle des Fliegenfischers nur ein Aufbewahrungsort für die Schnur ist. In mancher Hinsicht stimmt das, aber bekommen Sie mal einen wirklich großen Fisch an die Leine, der riesige Schnurmengen nimmt! Dann müssen Sie ganz schnell an die Bremse und andere technische Details denken. Aber für den Anfang genügt es, eine preiswerte und zuverlässige Rolle zu wählen, auf der die Schnur und genug Backing-Schnur Platz hat. Vor allem sollte sich die Rolle wirklich gut mit der Rute ergänzen. Wenn die Ausrüstung sich nicht ausbalanciert anfühlt, versuchen Sie es mit einer anderen Kombination. Suchen Sie ein Produkt aus, das ein oder zwei Ersatzspulen mitliefert, dann können Sie die Fliegenschnur auch

einmal wechseln, wenn Sie es für nötig halten.

Für den Anfänger kann die Wahl der Fliegenschnur ein wahres Minenfeld sein, es gibt tatsächlich viele Firmen mit einem Angebot unzähliger Schnurdesigns. Keine Panik! Zunächst brauchen Sie wohl nur eine Schwimmschnur und eine Leine mit mittlerer Sinkgeschwindigkeit, falls Sie mit Ihrer Fliege etwas weiter hinab wollen. Es gibt viele andere Typen – manche sinken wie Steine nach unten –, doch die wurden wirklich für Spezialisten konstruiert.

Es gibt Leinen in mehreren Profilen, am gebräuchlichsten sind doppelt verjüngte und Keulen-Designs. Die Keulenschnüre beherrschen heute den Markt und ich rate auch dazu, sich anfangs dafür zu entscheiden. Keule

▲ **EIN REGENBOGEN**

Diese schöne Regenbogenforelle wurde aus einem Hochgebirgsbach in Britisch Kolumbien herausgeholt. Regenbogenforellen können sich, wie alle Forellenarten, von einer Wasserscheide zur nächsten im Aussehen unterscheiden. Doch allen ist die Bereitschaft gemeinsam, über und unter Wasser nach Fliegen zu schnappen. Auch beim Drill zeigen sie großen Mut. Dieser Fisch sprang beispielsweise mindestens achtmal.

▶ **STEELHEAD IM WINTER**

Steelheads sind eigentlich Regenbogenforellen, die den größeren Teil ihres Lebens im Meer verbringen, statt im Süßwasser zu bleiben. Steelheads kehren nur zum Laichen in die Flüsse zurück, und das ist die Zeit, in der sie von Anglern mit der Fliege gefangen werden. Diese wirklich mächtigen Fische kämpfen von allen Sportfischen, die man jemals an die Angel bekommt, wohl am härtesten.

bedeutet einfach, dass die Leine an einem Ende einen schwereren „Kopf" hat, sodass sie beim Wurf gut hinausschießt. Kaufen Sie keine Extremschnüre – die benötigt man nur für spezielle Situationen. Berücksichtigen Sie auch die Farbe; mein Rat ist, gut sichtbar, aber nicht zu auffällig – es gibt Schlimmeres als Hellgrün.

Ich habe darauf hingewiesen, dass bei Rute und Rolle der Preis nicht so wichtig ist, aber bei Schnüren würde ich möglichst wenig sparen. Es rechnet sich oft nicht, die Günstigste zu kaufen – billige Leinen brechen schnell und erleichtern den Wurf nicht gerade.

Sie befestigen an der Fliegenschnur ein Nylonvorfach. Mit der Zeit und mehr Erfahrung können Sie das auch selbst herstellen. Aber zu Beginn ist es besser, sich ein paar verjüngte Leinen eines zuverlässigen Herstellers zu besorgen. Das hilft anfangs enorm beim Werfen und beugt auch Frustrationen vor.

▲ **WUNDERLAND IM MORGENGRAUEN**
Der Tagesanbruch ist zum Fliegenfischen bestimmter Arten die ergiebigste Zeit. Lachse bewegen sich beim ersten Licht, ehe sie sich in einem tiefen Loch niederlassen, wo sie den Tag verbringen. Äschen sind auch oft sehr aktiv und es scheint manchmal seltsam, wie unvorsichtig die großen Forellen zu Tagesbeginn sind. Suchen Sie im Flachwasser, wo die Fische nachts jagen und präsentieren Sie dort eine größere Fliege.

AUSWAHL DER RICHTIGEN FLIEGE

1 Es ist ratsam, stets die bestmöglichen Fliegen zu kaufen – schließlich spielen sie in der Ausrüstung des Forellenanglers die entscheidende Rolle.

2 Eine gute Fliege erkennt man nicht durch Anschauen, erwerben Sie daher zunächst eine bekannte Marke oder Ausführung.

3 Prüfen Sie, ob die Fliege ordentlich gebunden ist und keine losen Enden hervorstehen. Haltbarkeit ist wichtig, schließlich möchten Sie vermeiden, dass eine Fliege nach zwei oder drei Würfen auseinander fällt.

4 Beim Kauf einer Nymphe sollten man auf Schlankheit und Stromlinienform achten. Das Verhalten einer Fliege im Wasser ist ausschlaggebend – sie soll das imitierte Insekt möglichst gut nachahmen.

5 Auch der Hakentyp spielt eine wichtige Rolle. Kaufen Sie Fliegen, die an Markenhaken gebunden sind. Sie möchten sicher nicht, dass ein Haken sich aufbiegt, wenn Sie Ihre erste oder Ihre beste Bachforelle ins Netz holen.

6 Es ist immer zu empfehlen, sich von jedem Muster mindestens zwei Exemplare zu besorgen. Nichts ist ärgerlicher als die erfolgreiche Fliege des Tages in einem Baum zu verlieren und festzustellen, dass man keinen Ersatz mehr in der Dose hat.

▲ **HEREINGELEGT**

Ein kleines nymphenartiges Fliegenmuster hat den Fang dieser hübschen Äsche möglich gemacht. Obwohl die Fliege unbedeutend wirkt, ahmt sie täuschend echt ein kleines Wasserinsekt nach, das von Äsche und Forelle gefressen wird. Äschen schnappen oft nach solchen einfach mit der Strömung treibenden Angeboten.

▲ **DER BISSANZEIGER**

Äschen nehmen Nymphen, die in der Strömung treiben – aber in Lichtgeschwindigkeit, und man verpasst die Aktion leicht. Da kommt der Bissanzeiger ins Spiel. Man platziert ein kleines Stück Plastik, Styropor oder Ähnliches so an der Leine, dass die Nymphe darunter auf der richtigen Tiefe schwimmt. Schluckt eine Äsche den Köder, taucht die Mini-Pose ab, ein Anhieb erfolgt, und der Drill kann beginnen.

Zusatzausrüstung

Wenn man Trockenfliegen oder Vorfächer schwimmen lassen möchte, ist ein Produkt wie Permaflote nützlich. Andere Flüssigkeiten lassen das Vorfach dagegen untertauchen. Man kann aber auch ein Stück Schwamm mit Spülmittel tränken – wenn man das Vorfach dann durch den Schwamm zieht, hat das fast den gleichen Effekt.

Bissanzeiger bestehen aus Plastik und stecken am Vorfach, sind gut sichtbar und verhalten sich genauso wie der Schwimmer eines Anglers. Wählen Sie leichte, gut sichtbare, die beim Wurf auch am Vorfach bleiben! Sie erweisen sich beispielsweise als nützlich, wenn man im Winter auf Äschen angelt oder tief unten Nymphen für Forellen verwendet. (Erkundigen Sie sich aber nach den örtlichen Regeln – an manchen Gewässern ist dies verpönt.)

Auf jeden Fall brauchen Sie eine Fliegenbüchse. Auch hier gibt es eine große Auswahl, auch zu vernünftigen Preisen. Am Anfang haben Sie nichts davon, sich eine besonders schicke auszusuchen.

Sie benötigen zudem einen Knipser, um die Enden der Knoten abzuschneiden; ein Hakenschärfer ist auch eine gute Idee, besonders wenn die Forellen beim Steigen nicht so recht zubeißen wollen.

An vielen Gewässern darf man seine gefangene Forelle mitnehmen, Sie brauchen also einen Fischtöter (siehe Seite 65), um den Fisch auf den Kopf zu schlagen. Versuchen Sie einen Fisch niemals ohne einen solchen „Priest" zu töten. Am Ufer nach einem passenden Stock oder Stein herumzusuchen, während der Fisch zuckend sein Leben aushaucht, ist nicht gerade human.

▶ **GANZ OBEN**

Welch ein Gefühl – dieser junge Angler blickt sich in der beängstigend endlosen Schönheit Grönlands um. Oft muss man sich auf weite Märsche in einsamen Gegenden einstellen, also sollte man mit wenig Gepäck unterwegs sein. Rute, Rolle, Fliegen, Essen und Getränke und los geht's ... hinterlassen Sie aber im Camp Ihre Route!

Streamer, Nymphen und Trockenfliegen

Schließlich brauchen Sie natürlich noch Fliegen. Bei jedem vernünftigen Ausrüster werden Sie von der Auswahl überwältigt sein. Und wieder gilt, keine Panik! Es gibt einfache Regeln, die man befolgen kann.

Beginnen wir mit den Streamern – das sind recht große Fliegen, die kleine Fische oder Ähnliches imitieren sollen, um die Neugier einer Forelle zu erregen. Einen Grundstock dieser Köder in den Grundfarben Schwarz, Weiß, Gelb und Orange sollte man dabeihaben. Erweitern Sie das Ganze mit beschwerten und unbeschwerten in verschiedenen Größen. Es gibt Tage, an denen so ein Köder ohne erkennbaren Grund ausgezeichnet funktioniert, experimentieren Sie also ruhig mit allem, bis Sie die richtige Fliege finden.

Jeder Angler sollte sich mit der Zeit eine Sammlung aus den zumindest bekannten und bewährten Nymphen aufbauen. Auch diese sollten in Größe und Farbe variieren, manche mit Beschwerung, andere ohne. Beginnen Sie mit altbewährten Favoriten wie der Pheasant Tail oder vielleicht ein paar Nymphen vom tschechischen Typ, die Köcherfliegenlarven und Shrimps nachahmen.

Eine Trockenfliege schwimmt an der Oberfläche – das bekannteste Beispiel ist die riesige und wunderschöne Mayfly, die Eintagsfliege. Jeder, der in Bächen oder auch Stillwassern fischt, sollte im Frühsommer ein paar Mayflies in der Büchse haben. Darüber hinaus sollte man den Rat des Angelhändlers über die Favoriten an den örtlichen Gewässern einholen.

◄ **AM ENDE DES TAGES**
Manchmal ist es völlig in Ordnung, eine so hübsche Forelle wie diese hier zum Verzehr mitzunehmen. Meine Frau und ich waren etwa 80 km von der nächsten Siedlung entfernt und mussten uns unsere Mahlzeiten fangen.

AUSWAHL EINES FLIEGENFISCHERS

1 STREAMER Ein großer Streamer ist bei großen Forellen, Steelhead und Hecht nützlich.

2 RESERVOIR-LURE Exzellent für Regenbogenforellen.

3 NASSFLIEGEN Mit ihnen fischt man am besten an schnell fließenden Flüssen nach Forelle und Äsche.

4 LACHSFLIEGE Mit so einer Fliege lässt sich ein Lachs fangen.

5 TROCKENFLIEGEN Perfekt für den Forellenfluss im Sommer und Herbst.

6 NYMPHEN Nymphen sind das Standardmuster für Forellen und Äschen, die in größerer Tiefe fressen.

▼ WO BEGINNT MAN?

Sie erreichen am frühen Morgen einen großen See wie diesen und fragen sich, wo Sie nur beginnen sollen. Sehen Sie sich nach steigenden Fischen um. Beobachten Sie, ob Wind geht, und fischen Sie dort, wo er die Oberfläche kräuselt. Suchen Sie nach überhängenden Bäumen oder einer Insel. Gibt es flache Stellen oder Buchten?

Nassfliegen und Goldheads

Es wäre ein Fehler, die traditionellen Nassfliegen zu ignorieren, die Fliegenfischer seit Jahrhunderten verwenden, besonders wenn man in etwas wilderen Bächen angeln möchte. Diese Fliegen sind witzig und farbenfroh und sollen nicht eine bestimmte Beute imitieren. Sie machen eher einen allgemeinen Eindruck der Essbarkeit; der Bloody Butcher ist ein typisches Beispiel. Stellen Sie sich eine kleine Sammlung unterschiedlich großer Nassfliegen zusammen, die Rot, Blau, Grün und Schwarz abdecken, da und dort mit einem Spritzer Silber. Es lässt sich wohl mit Recht sagen, dass die Wahl der Nassfliegen letztendlich nicht so entscheidend ist – wichtiger ist, wie man fischt. Aber dazu später mehr.

Als nächstes stehen Goldheads auf der Einkaufsliste. Eigentlich sind das Nymphen, denen man eine Goldperle als Kopf eingebunden hat, das dient zur Beschwerung und als Blink-Effekt. Kaufen Sie auch davon eine kleine Auswahl verschiedener Größen und Farben. Meine eigenen Favoriten sind meist in Rot, Orange und manchmal Schwarz gebunden.

Schließlich ist keine Fliegenfischerbüchse vollständig ohne ein paar Buzzer.

▲ **DIE ERSTE FORELLE**
Obwohl die meisten Forellen heute weltweit im Wasser vom Haken befreit und zurückgeworfen werden, ist Ihre erste Forelle immer etwas Besonderes. Außerdem schmecken alle Forellen hervorragend! Dieser Fisch hier wurde mit einer schneckenähnlichen Imitation direkt unter der Oberfläche gefangen.

◀ **EIN MAGIER BEI DER ARBEIT**
Fliegenbinden kann wie eine magische Beschäftigung wirken, eines Zauberers würdig, doch es ist eine Kunst, die jeder lernen kann. Die Fliegen selbst zu binden ist günstiger, als sie im Laden zu kaufen, und macht ungeheueren Spaß. Manche Leute genießen es mehr, die Fliegen zu binden, als mit ihnen zu fischen!

Sie imitieren Kleinmücken, die außerhalb des Oberflächenfilms schlüpfen, vor allem abends. Buzzer sind meistens ziemlich klein, Rot, Orange und Schwarz sind die bevorzugten Farben.

Der Aufbau einer Fliegensammlung braucht Zeit. Mein Rat daher: Besorgen Sie bei jedem Einkauf im Angelladen vielleicht ein halbes Dutzend. So wird es nicht zu teuer. Vergessen Sie nicht, dass Sie auch ein paar verlieren werden, besonders am Anfang. Es wird Ihnen vorkommen, als ob jeder Baum, jedes Schilfrohr nur da steht, um Sie zu ärgern.

Kümmern Sie sich gut um die Fliegen! Lassen Sie die Fliegenbox nicht feucht werden, sonst werden Sie bald merken, dass die Haken anfangen zu rosten. Wenn Sie doch nass wird, nehmen Sie die Büchse zu Hause aus der Tasche und trocknen Sie sie gut vor der Heizung.

Schließlich benötigen Sie noch eine leichte Tasche, die all dieses Gerät aufnimmt, wenn Sie die Ufer entlang wandern. Wahrscheinlich genügt als Alternative eine Fliegenfischerweste. Sie besitzt eine Unmenge von Taschen, geräumig genug, um Fliegendosen,

Extraspulen für die Rolle, Fischtöter und vielleicht sogar ein Fläschchen Bier aufzunehmen! Sie haben die Wahl, aber ich reise gern mit möglichst wenig Gepäck und entscheide mich daher für die Weste.

▼ **AUF TSCHECHISCHE ART**
In Mitteleuropa haben Angler eine sehr wirksame Art des Nymphenfischens entwickelt. Sie waten nahe an den Fisch heran, fischen die Nymphen tief am Boden entlang und halten ständigen Kontakt. Sobald die Schnur innehält oder sich spannt, erfolgt der Anhieb.

Fischen in Stehenden Gewässern

Fischen in stehenden Gewässern

EIN GROSSER SEE KANN EINEN ZIEMLICH EINSCHÜCHTERN, WENN MAN UNERFAHREN IST UND DAS GEWÄSSER NOCH NICHT KENNT. KEIN FISCH IN SICHT UND NIRGENDS SIEHT MAN TYPISCHE UNTERSTÄNDE, AN DENEN SICH FISCHE IN GRUPPEN AUFHALTEN KÖNNTEN. WO SOLL MAN DA NUR ANFANGEN?

Man kann zunächst einmal jemanden um Rat fragen, der das Wasser besser kennt als man selbst, etwa die Mitglieder des örtlichen Anglervereins.

Ansonsten sollte man verschiedene Faktoren in Betracht ziehen. Zunächst einmal, aus welcher Richtung kommt der Wind? Viele, wenn nicht alle Süßwasserfische bewegen sich mit dem Wind und folgen ihm zu der Uferseite, auf die er weht. In Europa haben wir es meistens mit Westwinden zu tun, das bedeutet, dass das Ostufer ein guter Ausgangspunkt ist.

Ebenso wichtig ist die Frage der Deckung. Kleine Beutefische werden sich niemals weit von ihren Zufluchtsorten in Ried- und Krautbeeten entfernen. Viele Fische fliehen auch gern vor dem Getöse, wenn es also einen großen, lauten Parkplatz gibt, sollten Sie mit dem Fernglas einen langen Spaziergang machen und herausfinden, was die ruhigeren Bereiche des Sees zu bieten haben. Besonders Brachsen und

▲ EINE STELLE FÜR EINEN TAG
Viele Angler lassen sich für einen ganzen Tag am selben Futterplatz – einem bestimmten Abschnitt des Sees – nieder und versuchen durch wiederholtes und gezieltes Anfüttern Fische anzulocken. Sie bereiten unterschiedliche Ruten vor, sodass sie in der Nähe und weiter entfernt angeln können, je nach Situation und Fischbewegungen.

◄ SEE IM WINTER
Im Winter kann sich das Angeln besonders schwierig gestalten, denn die Fische bewegen sich langsamer und weniger. Versuchen Sie, möglichst nah an abgestorbenen Schilfgürteln oder den Resten von Krautbänken zu fischen, die unter der Oberfläche auszumachen sind. Versuchen Sie es auch an tieferen Abhängen am Seeboden.

▲ IM BRENNPUNKT

Es gibt einige Merkmale, auf die jeder erfahrene Köderfischer achtet. Suchen Sie nach Bereichen, wo sich im Laufe des Tages ein Schaumfilm gebildet hat. Dort finden sich Insekten und anderes Futter und die Fische sind nicht weit.

GROSSE GEWÄSSER

Auf großflächigen Seen gilt dem Standort die wichtigste Überlegung. Zum Glück gibt es mehrere auffällige Gesichtspunkte, die zu Anfang bei der Auswahl der besten Angelstelle helfen.

1 Die Mauer von Trinkwasser-Stauseen oder Talsperren ist ein guter Ausgangspunkt. Fische schätzen die große Tiefe der Staumauer und finden zwischen den Steinen oft viel Futter.

2 Ignorieren Sie niemals Krautbeete, Schilf oder Seerosen!

3 Inseln sind ein Anziehungspunkt für Fische, besonders wenn überhängende Baummäste oder üppiger Schilfbewuchs vorhanden sind.

4 Einmündungen: In der Hoffnung auf angeschwemmtes Futter tummeln sich viele Fische an Bacheinläufen. Nach Regenfällen ist das besonders interessant, weil der Bach den See eintrübt und die Fische sich beim Fressen dann sicherer fühlen.

5 Häufig sprudeln Quellen bis an die Oberfläche eines Sees oder Teiches. Das kann für die Fische bei heißem Wetter sehr anziehend sein, wenn das Wasser recht abgestanden und sauerstoffarm ist.

6 In der Mitte von Talsperren gibt es oft tiefe Rinnen. Das sind häufig die alten Betten der Flüsse, die vor Hunderten von Jahren gestaut wurden, um den Stausee entstehen zu lassen. Auf Grund des breiten Nahrungsangebots und der erhöhten Sicherheit finden sich in dieser Tiefe oft viele Fische. Man sollte dort besonders nach Schleien, Brachsen und Karpfen Ausschau halten.

7 Bootshäuser sind ein regelmäßiger Aufenthaltsort von Barschschwärmen. Barsche reiben sich gern an den Unterwasserplanken und genießen den Schatten dort.

Schleien entfernen sich gern so weit wie möglich von jeglichem Tumult, und ein Angler, der bereit ist, seine Beine zu bewegen, hat bereits eine gute Ausgangsposition.

Welche Strategien lassen sich sonst noch verfolgen? Beobachten Sie die Seerosenblätter, die man auf vielen stehenden Gewässern findet. Karpfen und Barsche werden davon magisch angezogen. Vergessen Sie jedoch nicht, dass Sie zum Befischen der Seerosenbeete eine stärkere Ausrüstung als gewöhnlich brauchen, denn die Stängel können wirklich hart sein. Keine Kom-

promisse! Wenn Sie einen Fisch verlieren, ist es nicht fair, ihn mit einem Haken im Maul zurückzulassen. Werfen Sie ein paar Stückchen schwimmenden Köder ins Wasser – Brotkrusten oder Hundekekse sind ideal – und warten Sie in Ruhe ab, was passiert. Halten Sie nach leichten Bewegungen zwischen den Blättern Ausschau. Dann sehen Sie vielleicht die Lippen des Fischs, die sanft den Köder nach unten ziehen. Meistens ist es ein Karpfen gewesen, doch auch Rotfedern und sogar Karauschen durchstreifen den Oberflächenfilm. Sobald Sie so eine Bewegung wahrnehmen, werfen Sie einen Köder am Haken aus und beobachten, wie die Schnur davon gleitet.

◄ EIN PERFEKTER TAG

Das Wetter ist wolkig und mild und es weht ein kräftiger Westwind. Die Fische fressen den ganzen Tag, besonders wenn sie sich in der Nähe eines Gebildes wie dieser Insel aufhalten, wo sie sich sicher fühlen.

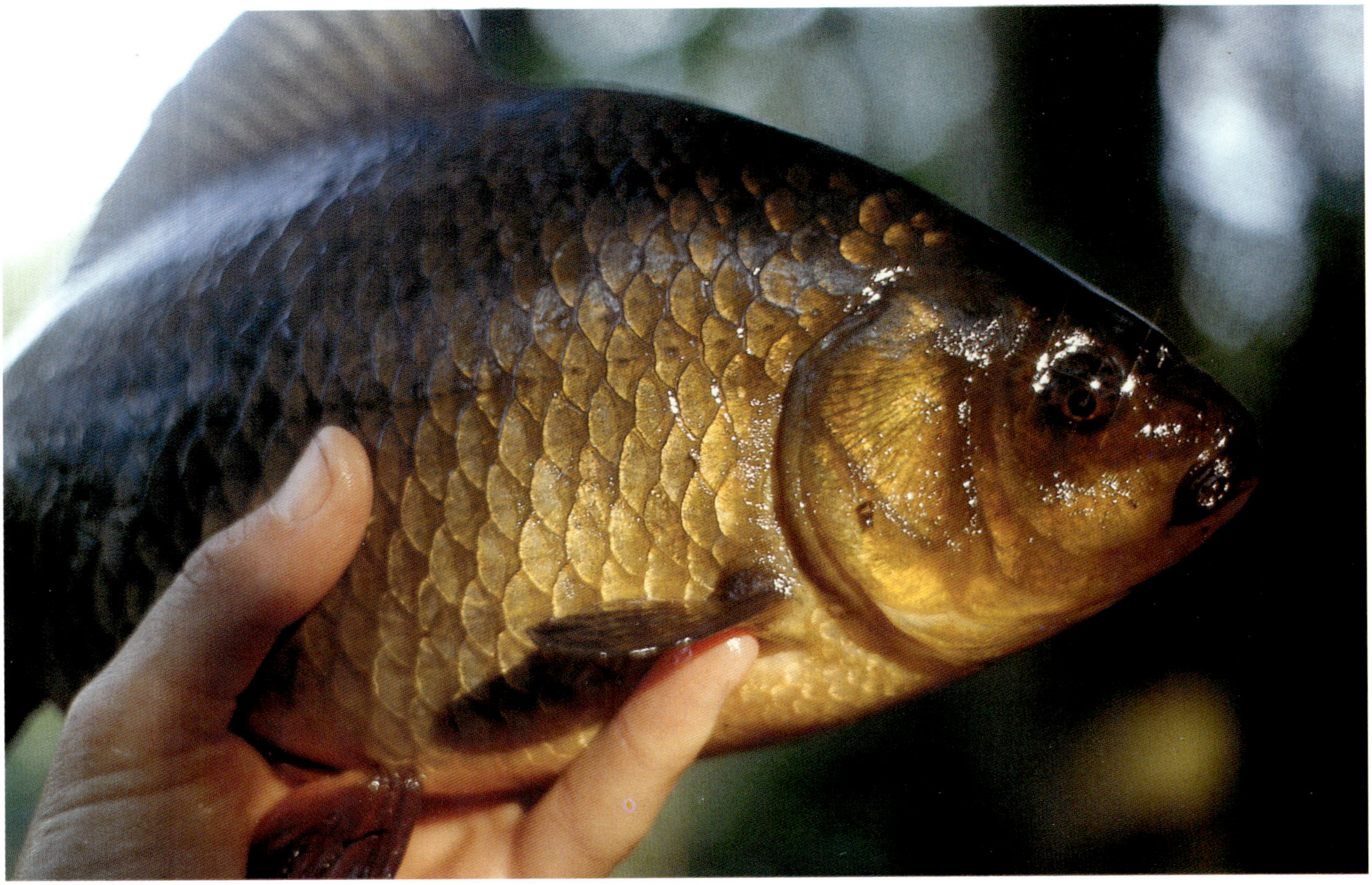

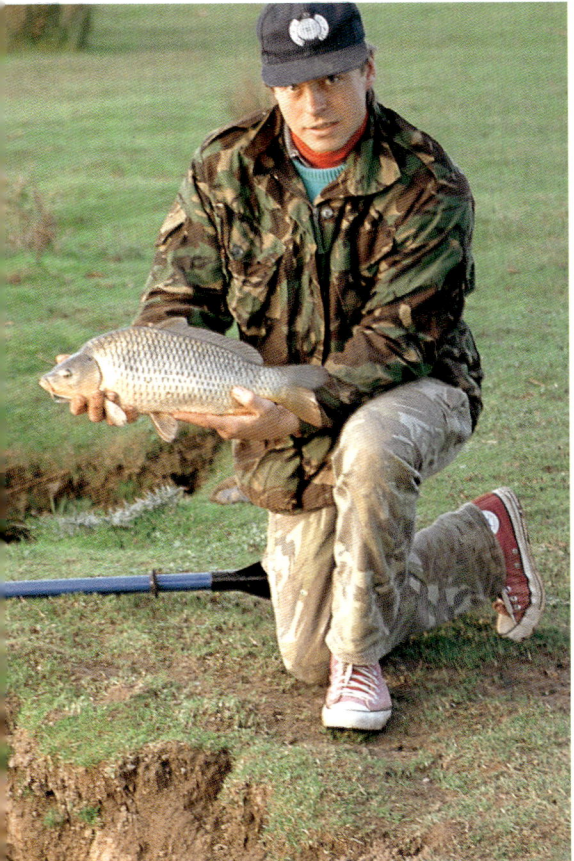

◀ **EINE LANGE GESCHICHTE**
Dieser Karpfen hat, ob Sie's glauben oder nicht, die Rute eines Anglers vom Ufer weg in den See gezogen. James, der Gewässerwart, stieg in ein Kanu und holte das Gerät aus dem Wasser, mit dem Fisch am Haken. Merke: Lassen Sie Ihr Gerät nie unbeaufsichtigt!

▲ **DIE CLEVERE KARAUSCHE**
Karauschen sind äußerst clevere Fische. Halten Sie nach ihnen nahe am Ufers Ausschau, unter überhängenden Bäumen oder direkt zwischen den Wurzeln. Sie beißen sehr zögernd, also haken Sie an, sobald sich Ihr Schwimmer auch nur ein bisschen bewegt.

Unterwasser-Köder

Ein Köder kann auch unter Wasser gut wirken, besonders, wenn er natürlich ist. Bedenken Sie, dass sich die Fische nicht nur wegen der Deckung in den Seerosenbeeten aufhalten, sie suchen auch nach Futter – Schnecken hängen besonders häufig an Seerosenblättern und sind für einen Karpfen ein guter Happen. Versuchen Sie es mit einem kleinen Schwimmer und, vielleicht, mit ein paar lebhaften Rotwürmern etwa 45 cm unter der Oberfläche. Barsche und Karpfen können dem oft nicht widerstehen.

Was immer Sie auch zwischen den Blättern an den Haken bekommen, versuchen Sie es schnellstmöglich ins offene Wasser zu bewegen. Beim Anhieb sind viele Fische einige Sekunden lang verwirrt, das gibt Ihnen die Chance, sie schnell herauszuziehen. Wenn ein Fisch sich tief unten zwischen den Seerosenwurzeln versteckt, haben Sie aber ein Problem – Sie sollten beim bevorstehenden Drill unbedingtes Vertrauen in Ihre Ausrüstung haben.

Schilfgürtel und Schleien

Nun werfen wir einen Blick auf Schilfgürtel und Schleien, die Fische mit einer echten Vorliebe für Ried. Die beliebteste Schilfart ist die große Binse. Denn Binsen wachsen auf hartem, sauberen, steinigen Untergrund – genau die Stelle, an der Schleien am liebsten fressen. Füttern Sie sorgfältig mit einer Mischung aus Mais, Hanfsamen, Caster und ein paar Maden an. Versuchen Sie, Grundfutter und Angelgerät so nah wie möglich in die Binsen zu werfen. Grundangeln ist eine ausgezeichnete Methode für die Schleie, traditionell, aber effektiv. Dabei bringt man ausreichend Spaltblei an der Schnur an, damit der Köder am Grund bleibt und die Pose leicht schräg oder senkrecht steht. Schleien zupfen oft am Köder, sodass die Pose nach oben geht oder sich flachlegt – also aufpassen!

Suchen Sie auch nach Schleienblasen, kleinen, stecknadelkopfgroßen Bläschen, die an der Oberfläche platzen und sprudeln. Manchmal gelangt auch etwas Bodenschlamm nach oben, ein Zeichen dafür, dass eine Gruppe von Fischen tatsächlich herumwühlt und bei der Mahlzeit ist ... hoffentlich mit Ihrem Grundfutter.

▲ **HEXENKESSEL**
Wenn Fische mit dem Kopf am Grund zu fressen beginnen, können sie eine erstaunliche Menge von Blasen nach oben schicken. Sie hoffen natürlich, dass sie sich an Ihrem Köder laben, nicht an natürlichem Futter.

▼ **ALTES ROTAUGE**
Die roten Augen der Schleie sind das Markenzeichen dieses ziemlich vorsichtigen Fisches. Suchen Sie am Gewässergrund nach ihr, wo sie sich von Brot, Würmern oder Maden ernährt. Der Anbiss erfolgt sehr zögerlich.

Köderwechsel

Wenn nichts anbeißt, sollten Sie andere Köder testen. Versuchen Sie es mit drei Maiskörnern an einem 10 er Haken oder einem Maiskorn am 16 er. Probieren Sie zwei Maden und einen Caster an Hakengröße 12 oder zwei Caster und zwei Maiskörner an einem 10 er. Früher oder später werden Sie bestimmt eine erfolgreiche Kombination finden.

Brachsen sind Fische, die meist weit entfernt vom Ufer stehen, daher muss man sich ihnen oft mit weiten Würfen nähern. Zunächst sollte man möglichst versuchen, einen Schwarm ausfindig zu machen.

▲ ALLER ANFANG IST SCHWER

Es stellt sich zunächst immer das Problem, wo man anfangen soll. Nach Fischen Ausschau zu halten, ist stets eine gute Idee, besonders an einem schönen Tag, bei klarem Wasser und mit einer Polarisationsbrille. Ansonsten kann man nach Stellen suchen, die Deckung bieten und wo die Fische sich wohlfühlen. Tagsüber sind tiefe Stellen oft ein beliebter Aufenthaltsort.

◀ LASSEN SIE SICH ZEIT

Überstürzen Sie zu Anfang nichts. Nehmen Sie sich Zeit zur Beobachtung des Wassers, machen Sie sich ein Bild von den Aktivitäten der Fische. Achten Sie auf Fische, die an der Oberfläche stehen oder auf Blasen an der Oberfläche. Das Wasser ist wie eine Landkarte, die offen da liegt und ganz unterschiedliche Wege zum Erfolg zeigt!

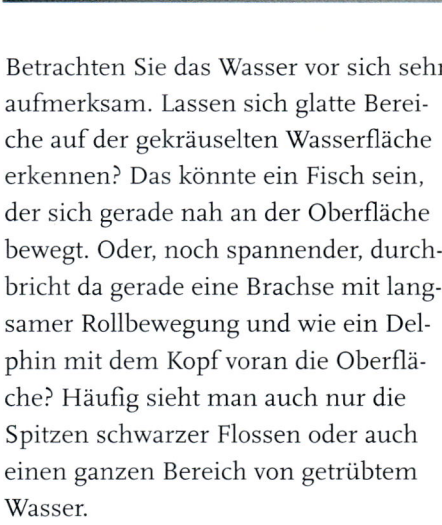

Betrachten Sie das Wasser vor sich sehr aufmerksam. Lassen sich glatte Bereiche auf der gekräuselten Wasserfläche erkennen? Das könnte ein Fisch sein, der sich gerade nah an der Oberfläche bewegt. Oder, noch spannender, durchbricht da gerade eine Brachse mit langsamer Rollbewegung und wie ein Delphin mit dem Kopf voran die Oberfläche? Häufig sieht man auch nur die Spitzen schwarzer Flossen oder auch einen ganzen Bereich von getrübtem Wasser.

Haben Sie die Fische lokalisiert, sollten Sie zunächst ein wenig Grundfutter auswerfen, damit sie weiterfressen. Wenn Sie nah genug sind, können Sie das mit der Futterschleuder tun: Sie kneten das Grundfutter zu einer festen Masse und schleudern kleine Bällchen in die Nähe der Fische. Werfen Sie niemals große Kugeln auf sie, sonst erschrecken sie! Mischen Sie Maden und Caster ins Grundfutter.

◄ **EXPLOSION**

Entweder bringt man einige große Bälle Grundfutter aus und wartet, bis sie gesunken sind, oder füttert häufiger kleinere Mengen, das ruft weniger Tumult hervor. Im Allgemeinen ist die zweite Lösung besser – es sei denn, man hat viel Zeit.

▼ **EIN KOCH BEI DER ARBEIT**

Bei der Zubereitung des Grundfutters braucht man Fantasie. Hanfsamen, Brotkrumen, Mais und Maden sind bekannte Favoriten, aber keine Angst vor anderen ansprechenden Zutaten. Experimentieren Sie!

▲ GLANZVOLLER MORGEN

Man sollte möglichst schon vor Sonnenaufgang am See sein, denn um diese Zeit sind die Fische sehr fressaktiv. Vielleicht hängt Nebel über dem Wasser und die Oberfläche wirkt wie ein Spiegel, doch die Fische sind überall unterwegs ... Blasen, steigende oder sogar springende Fische. Es ist eine tolle Zeit, um draußen zu sein.

Verwendung eines Futterkorbs

Wenn die Fische zu weit entfernt sind, kann man einen Futterkorb an einer Schnur mit etwa 1,8 kg Tragkraft benutzen.

Variieren Sie die Vorfächer – beginnen Sie bei ungefähr 60 cm, manchmal ist es aber klüger, viel längere Schnüre zu verwenden. Das Vorfach kann auch etwas leichter sein – probieren Sie es auch mit 1,3–1,8 kg Tragkraft. Ein kleiner Haken wie der 16 er und ein paar Maden sind bei einer durchschnittlichen Brachse in der Kategorie zwischen 1,8–2,7 kg ein guter Ausgangspunkt. Kein Glück? Dann versuchen Sie es doch mit etwas Brot, einem kleinen Mistwurm oder einem

▶ **DER FUTTERKORB**

Futterkörbe – Swim Feeder – wie dieser sind ideal, um sowohl Hakenköder als auch anderes Köderfutter auf eine gute Entfernung zu bringen. Mit einem solchen Lockkorb kann man wesentlich weiter werfen als bei der Verwendung einer Pose. Stellen Sie sicher, dass sich auf der Spule genug Schnur befindet und begrenzen Sie die Bewegung des Korbs auf der Schnur mit einem Wirbel.

Cocktail aus Maden, Würmern und Mais. Wie beim Schleienfischen sollte man auch hier offen bleiben und experimentieren.

Als Bissanzeiger eignen sich hier Zitterspitze oder ein Pilot-Bissanzeiger.

Keine Eile mit dem Anhieb – manche Brachsenexperten empfehlen, gar nichts zu tun, bis sich Kurbel an der Rolle zu drehen beginnt! Sonst zieht man der Brachse unter Umständen den Köder aus dem Maul, denn sie lassen

sich oft sehr viel Zeit, ehe sie ihn schlucken. Versuchen Sie, eine gehakte Brachse möglichst schnell von ihren Kollegen zu entfernen, sonst pflügt sie quer durch den Schwarm und löst Alarm aus.

AUSRÜSTUNGSTIPPS

1 Seen und Talsperren bezeichnet man als stehende Gewässer, allerdings „stehen" sie nie vollständig still – fast immer gibt es die Windbewegung. Wenn Sie mit einem Futterkorb angeln, kann das ziemlich störend sein; die Schnur biegt sich durch und zieht den Schwimmer nach unten, was den Anhieb schwierig macht. Beim Angeln mit Posen bietet es sich an, etwa 30 cm von ihr entfernt ein sehr kleines Blei anzubringen. Es lässt die Schnur nach unten sinken und stoppt die Drift. Beim Grundangeln sollte man die Rutenspitze nach dem Wurf herunterdrücken und Schnur einholen, bis alles gespannt ist. So sollte die Schnur unter Wasser und von der Strömung unbeeinflusst bleiben. Man kann die Schnur auch mit Spülmittel tränken, das entfernt jedes Fett und lässt sie schneller sinken.

2 Angeln Sie an einem sonnigen Tag in flachem, klaren Wasser, können Sie die letzten paar Meter der Schnur mit einem wasserfesten schwarzen Marker bemalen. Das nimmt der Nylonschnur ihren Glanz und beschert Ihnen unter Umständen viel mehr Anbisse.

3 Fische sind bei schweren Haken, die den Köder auf Grund halten, manchmal misstrauisch. Wenn sie am Köder saugen und er sich wegen des schweren Hakens nicht nach oben bewegt, ignorieren sie ihn völlig. Versuchen Sie es daher mit ein oder zwei schwimmenden Castern am Haken, um dem Köder Auftrieb zu geben. Wenn Sie es schlau anstellen, legen Sie einige Maden für eine halbe Stunde in ein verschlossenes Gefäß mit etwa 3 mm Wasser. Sie werden feststellen, dass sie das Wasser absorbieren und schwimmen. Dadurch wird das Gewicht des Hakens neutralisiert und er kann viel leichter ins Maul des Fischs gesaugt werden.

4 Beim Auswerfen von Grundfutter bei Wind sollte man einen möglichst flachen Wurfwinkel wählen, sodass es weniger leicht weggeweht wird.

5 Beim Grundangeln kann es sich auszahlen, ab und zu zwischen Rolle und Spitzenring an der Schnur zu zupfen. Ein Köder, der sich hin und wieder bewegt, kann einen sofortigen Anbiss auslösen.

6 Bemalen Sie Ihre Zitterspitze mit weißem Tipp-Ex! Dadurch ist sie in der Dämmerung oder nachts im Strahl der Taschenlampe besser sichtbar.

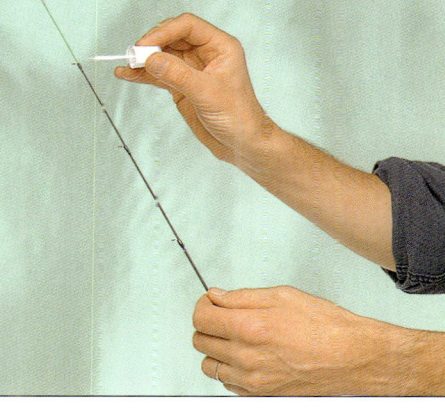

FISCHEN IN FLIESS-GEWÄSSERN

Fischen in Fließgewässern

UNTER IDEALEN BEDINGUNGEN WÜRDE MAN IMMER DORT ANGELN, WO MAN DIE PRACHTEXEMPLARE SCHON SIEHT, DIE MAN AUCH FANGEN MÖCHTE. DAS IST JEDOCH SELTEN, WO ALSO FÄNGT MAN AN?

▼ **HERBSTPRACHT**

Äschen haben ihre beste Zeit, wenn es im Herbst zu frieren beginnen. Angeln Sie mit einer Pose wie dieser hier und einem Köder, der sich bewegt. Maden und Rotwürmer sind ausgezeichnete Köder, aber aufgepasst – Äschen beißen sehr schnell!

Wenn man einen Fluss „liest", sollte man folgende Faktoren beachten: Die Stärke und Richtung der Strömung, die Tiefe des Flusses, Deckungsmöglichkeiten und das Aussehen des Flussbetts. Die meisten Fischarten stehen am liebsten an Stellen, wo die Strömung weder zu stark noch zu schwach ist, wo sie genügend Wasser im Rücken haben, wo sie Schutz vor Räubern und Geröll oder Sand mit Futtermöglichkeiten finden.

Befassen wir uns noch einmal mit ein paar typischen Brennpunkten im Fluss und den besten Methoden, sie zu befischen. Für Angler, und zum Glück auch Fische, sind Mühlteich und Wehrkessel recht attraktiv, wo schäumendes, sauerstoffreiches Wasser über die Kante stürzt. Anscheinend schätzen Fische, besonders im Sommer, diese Auffrischung ihres Lebensraums. Und bei niedrigem Wasserstand versammeln sich dort große Fischpopulationen.

Doch wie angelt man in Mühlteichen? Es gibt verschiedene Bereiche, auf die man sein Augenmerk richten kann: Suchen Sie mitten im schnellen, schäumend weißen Wasser nach Rotauge, Döbel oder Barbe. Ein idealer Fangplatz für Brachsen sind Stellen, an denen die Strömung etwas ruhiger wird, aber immer noch genug Tiefe besitzt. Wo das Mühlbecken seichter wird und ins Flussbett übergeht, ist das Wasser bewegt und kiesig, oft mit Kraut bewachsen – eine perfekte Stelle für Barbe und Döbel.

▼ **ERSTKLASSIGE STELLEN**

Solch ein Wehr ist ein Anziehungspunkt für viele Fischarten. Das herabstürzende Wasser reichert den Fluss mit Sauerstoff an und wirbelt durch seine rasche Bewegung viele Wasserinsekten auf, von denen sich die Fische ernähren.

DEN FLUSS LESEN

1   Brücken wirken auf Fische wie Magneten, besonders auch die tiefen Kessel, die sich oft stromabwärts bilden.

2   Umgestürzte Bäume bieten Fischen eine gute Deckung vor der Strömung und Schutz vor Raubfischen.

3   Grundfische halten sich häufig an großen Felsen auf.

4   Alle Fische mögen überhängende Bäume!

5   Im Winter und bei Trockenheit im Sommer findet man in tiefen Gumpen immer Fische.

6   Beutefische ebenso wie Räuber halten sich am liebsten an Flusskurven auf.

7   An manchen Stellen wird der Fluss eng und tief. Diese Stellen sind für alle Arten ideal.

◄   **GROSSMAUL**

Der Döbel hat ein großes Maul und einen ebensolchen Appetit, und er ist wirklich einer der schlausten Fische, die es gibt. Er besitzt große Augen und sieht genau, was im und über Wasser vor sich geht. Das bedeutet: Nähern Sie sich äußerst vorsichtig und bieten Sie ihm einen sehr leckeren Köder an, perfekt präsentiert. Und vermeiden Sie es, so zu werfen, dass das Wasser spritzt – sonst haben Sie Ihre Chance vertan.

Rauschende Wasser

Betrachten wir das rauschende Wasser unterhalb der Mühle einmal genauer: Es ist dort recht tief, 3–4,5 m, in größeren Flüssen auch tiefer. Versuchen Sie, den Schwimmer knapp unter der Rutenspitze zu halten und mit einer großen Brotflocke zu angeln. Die Strömung wird das Gerät hin und her werfen, den Köder hoch heben und ihn über Steine und Mauerreste hüpfen lassen. Dem können weder Rotauge noch Döbel widerstehen, also stellen Sie sich auf heftige Anbisse ein. Beim Grundfutter gehen Sie so vor: Tauchen Sie zwei oder drei Brotstücke ins Wasser, und wenn sie vollgesogen sind,

▼ **DAS WASSER LESEN**

In diesem Fluss gibt es flache Bereiche, wo die Strömung schnell ist, und tiefere, in denen das Wasser langsamer wird. Versuchen Sie es im Flachwasser früh und spät am Tag und wenden Sie sich den tieferen Bereichen zu, wenn die Sonne hoch steht.

▲ **UNTEN HALTEN**

Ein Flachblei wie dieses bleibt auch in einer schnellen Strömung auf Grund. Wenn Sie den Köder bewegen wollen, sollten Sie es mit einem Rollblei versuchen, das hüpft besser. Praktisch: Köderfutter in einer Schüssel, die am Gürtel hängt.

OPTIMALE BEDINGUNGEN

1   Die meisten Fische sind in der Abenddämmerung und bei Einbruch der Nacht am fressaktivsten. Bei Tagesanbruch ist auch eine gute Zeit.

2   Bei heftigen Regenfällen, wenn der Fluss ansteigt und sich verfärbt, werden Sie feststellen, dass Barben sich wie wild auf Futter stürzen.

3   Nachdem es stark geregnet hat und der Fluss wieder fällt, beginnt die Trübung sich allmählich zu lichten – ausgezeichnete Bedingungen für alle Fische.

4   Wenn das Wetter im Winter bei Westwind einige Tage mild war, fressen Rotauge, Barbe und Döbel so viel es geht.

5   Während einer Hitzeperiode im Sommer kann ein Gewitter einen schalen, uninteressanten Fluss in Schwung bringen.

◀ **FÜR DEN DÖBELFANG**

Die Vorrichtung könnte kaum einfacher sein – ein größerer Haken (etwa Größe 4) mit Brotköder und ein größeres Klemmblei oder auch mehrere kleinere Spaltbleie bei langsamer fließendem Wasser, wo der Köder mehr Zeit zum Sinken hat.

▼ **FAST GESCHAFFT**

Beim Angeln arbeitet man oft im Team, und es ist sinnvoll, jemandem das Keschern eines großen Fischs zu überlassen, wenn man unsicher ist. Wenn Sie einen Fisch ins Netz holen, ha ten Sie es ins Wasser und ziehen den Fisch darüber

zerbröckeln Sie sie. Streuen Sie sie um die Pose herum ins Wasser, sodass Sie einen Krümelregen erzeugen.

Treibholz zieht Döbel und Barben fast gleichermaßen magisch an. Das gilt auch für jede Ansammlung von Wasserpflanzen, Blättern oder Unrat, die sich mit der Zeit an überhängenden Ästen verfängt. Rasch erreichen diese Gebilde die Größe eines Teppichs, und Fische mögen solche geschützten Stellen. Die Strategie sieht so aus: Man sitzt 4,5–9 m weiter stromaufwärts und schnippt etwa eine halbe Stunde lang daumennagelgroße, zusammengepresste Brotstücke ins Wasser. Füttern Sie an die 30–40 Stück an, jede Minute ein paar. Damit soll dem Döbel das Misstrauen gegenüber dem Hakenköder genommen werden.

Jetzt kann es losgehen: Sie brauchen nur einen 4 er Haken, um dessen Schenkel ein großes Brotstück gepresst ist. 15 cm darüber, oder 5 bei starker Strömung, bringen Sie ein großes Spaltblei an. Nun werfen Sie das Brot etwa einen Meter stromaufwärts vom Treibholz aus und lassen es schnell nach unten sinken. Machen Sie sich auf einen fast sofortigen Anbiss gefasst! Sie können die Schnur um die Finger wickeln und auf das rhythmische Ziehen warten. Heben Sie nach dem Biss an und führen Sie den Fisch sofort aus dem Wurzelgewirr heraus, danach setzen Sie ihn stromaufwärts wieder aus.

▲ TREIBANGEL-MONTAGE
Eine bebleite Schnur wurde mit einem ansehnlichen Schwimmer und einer Wurstscheibe versehen – ein Köder, der fest am Haken bleibt.

Flussbiegungen ziehen eigentlich immer Fische an, besonders in Flachlandflüssen, die in der Vergangenheit begradigt wurden und oft wenig Unterstände zu bieten haben. Gerade im Winter sind sie interessant, wenn der Fluss Hochwasser hat. Sehen Sie sich nach der in der Anglersprache so genannten Scharkante um – dort scheidet sich die Strömung vom ruhigen Wasser, das man in jeder Biegung findet. Man kann wirklich sehen, wo schnelles und langsames Wasser zusammentreffen! An der Scharkante halten sich Döbel und Rotauge besonders gern auf. Hier können sie sich zwischen Strömung und ruhigem Wasser hin- und herbewegen, um Futter aufzuschnappen oder sich auszuruhen. Eine der besten Methoden ist in diesem Fall das Fischen mit einer sehr leichten Grundangel. Als Alternative kann man auch mit einer ausreichend großen Stickpose angeln. Dabei trudelt der Köder über den Grund und ist nur etwas langsamer als die Strömung. Auch hier gilt: Brot ist ein guter Köder, zwei oder drei Maden sind auch nicht schlecht. Bröckeln Sie loses Futter aus – etwa ein paar Brotstücke, so alle fünf Minuten oder bei jedem Wurf etwa ein Dutzend Maden. Die Anbisse sind sehr entschlossen.

▼ EINS MIT DEM FLUSS
Dieser Angler ist weit in den Fluss hineingewatet, um eine tiefe Rinne unter einem Baum am gegenüberliegenden Ufer zu befischen. Er angelt mit einer Pose, denn er weiß, dass er den Köder dann sehr natürlich bewegen kann.

Bleiloses Grundfischen

Es gibt an Ihrem Fluss wahrscheinlich lange, schnell fließende Abschnitte, mit Wellen und gurgelnden Stromschnellen. Dort kann das Wasser etwa 60–90 cm tief sein. Besonders im Frühsommer sind das perfekte Stellen für Barbe und Döbel. Hier können Sie das Grundangeln ohne Blei versuchen, sicher eine der aufregendsten Angelmethoden. Sie brauchen buchstäblich nur einen Haken am Ende der Schnur und einen Köder, der groß genug ist, um dem Ganzen Gewicht zu verleihen. Zwei Regenwürmer sind ideal oder ein kleiner toter Fisch, etwa ein Gründling. Waten Sie in den Fluss – natürlich immer vorausgesetzt, dass Sie sicher stehen können und im Idealfall ein Freund am Ufer ist, der notfalls helfen kann.

Sobald Sie einen sicheren Stand haben, werfen Sie den Köder in die Strömung hinaus, öffnen den Schnurfangbügel und spulen die Schnur ab, während die Würmer von der Strömung davongetragen werden. Halten Sie die Schnur gespannt und ziehen Sie die Rute nach oben, bis Sie das Gewicht des Köders spüren. Nach plötzlichem Druck und langen Zugbewegungen erfolgt meist der Anbiss. Der Anhieb sollte kräftig sein, denn die Strömung kann den Köder weit tragen. Machen Sie sich auf einen heftigen Kampf gefasst!

▶ BESCHWEREN DES KÖDERS

Ein kleines Blei, mit einem Karabinerhaken an der Schnur befestigt, hält den Köder auf Grund. Wenn ein Fisch den Köder schnappt, wird die Schnur durch den Karabiner gezogen, sodass er keinen Widerstand spürt, bis Sie den Anhieb setzen.

▲ WILDER KERL

Diese Barbe wurde mit Mais aus einem Futterkorb gefangen. Der Anbiss war wild und der Drill erst recht. Der Angler hat sie vom Haken befreit und setzt sie zurück, ohne sie überhaupt ans Ufer zu bringen.

◀ **AUF TUCHFÜHLUNG**

Dies hier ist eine aufregende Art zu angeln und auf das Ziehen an der Schnur zu warten. Beachten Sie, wie die Schnur über dem Zeigefinger – wohl dem sensibelsten Finger – gehalten wird. Über die Schnur erhält man viele unterschiedliche Botschaften von unten. Halten Sie die Rute am Rollenhalter, und Sie werden merken, dass alles gut ausbalanciert ist und Sie im Laufe des Tages nicht müde werden.

Angeln mit Brot

Es macht sich oft bezahlt, an eine der langen, ungegliederten Geradstrecken am Fluss einen großen Laib Brot mitzunehmen. Auf den ersten Blick erscheint dieser Gewässerabschnitt nicht sehr viel versprechend. Zunächst wirft man viele kleine Krustenstücke in die Mitte des Flusses. Beobachten Sie

genau, wie sie flussabwärts treiben. Wenn sich dort eine Döbel-Population aufhält, stehen die Chancen gut, dass die Fische sich nach einigen Minuten interessiert zeigen, wenn an die zehn Krusten über ihre Köpfe getrieben sind. Bald kommt Bewegung auf – Bugwellen, große Platscher, lautes Saugen. Das macht Spaß, und jetzt muss man nur noch eine Kruste in Streichholzschachtel-Größe auf einen 4 er Haken spießen, ein wenig benetzen und per Unterarmwurf in die Strömung befördern. Lassen Sie den Köder normal abtreiben, bis Sie sehen, dass er angenommen wird. Setzen Sie den Anhieb nicht sofort, sonst reißen Sie den Köder von den Lippen des Döbels – warten Sie, bis die Schnur sich strafft.

◀ **BESCHWERTES BROT**

Man kann sogar einen schwimmenden Köder beschweren. Hier schwebt die Brotkruste einige Zentimeter über dem Flussbett und wird durch das Bleigewicht in Position gehalten.

TECHNISCHE TIPPS

1 Stellen Sie sicher, dass Sie stets eine weiße Zitterspitze (Quivertip) dabei haben: Die sieht man wesentlich besser als eine rote, besonders bei schlechten Lichtverhältnissen.

2 Wenn nichts anbeißt, dann überprüfen Sie das Vorfach. Bei langem Vorfach und starker Strömung wird der Köder manchmal vom Boden gehoben und langsam im Strom herumgewirbelt, was sehr unnatürlich aussieht. Wenn das der Fall ist, sollte man das Vorfach einfach auf ein paar Zentimeter kürzen.

3 Die aufregendste und wirksamste Art, um einen Anbiss zu erkennen: Halten Sie die Rute möglichst direkt in Richtung Köder, ziehen Sie die Schnur vom Leitring und halten Sie sie zwischen Daumen und Zeigefinger. Sie werden feststellen, dass man die Rute gut in einer Hand halten und mit der anderen Anbisse spüren kann. Sobald Sie ein kräftiges Zupfen oder einen langsamen Zug an der Schnur bemerken, setzen Sie den Anhieb. Dieser Moment lässt sich kaum beschreiben, aber durch Übung werden Sie sehr bald perfekt. Es hört sich anfangs fast wie Zauberei an, doch ich benutze diese Methode mittlerweile, wann immer ich kann.

▲ **LEICHTES LEBEN**

Wenn man eine Zitterspitze (Quivertip) als Bissanzeiger verwendet, braucht man einen guten,
kräftigen Rutenhalter, der die Rute stabil hält. Ein
bequemer Stuhl ist bei längerem Aufenthalt auch

nicht falsch. Breiten Sie Ihre Ausrüstung offen um
sich herum aus, sodass Sie genau wissen, wo alles
liegt. Quivertips arbeiten besonders gut an langsamer fließenden, tiefen Rinnen wie dieser hier.
Vielleicht sind nicht alle so idyllisch ...

▼ **IN SEINER GANZEN PRACHT**

Ich mag solche Fotos, welche den Fisch in seiner
ganzen Pracht inmitten seiner wunderschönen
natürlichen Umgebung zeigen. Diese europäische
Barbe wurde mit einigen Regenwürmern gefangen.

Auf sehr weite Entfernung

Diese Foto-Serie zeigt, wie ich ein bestimmtes Problem löse. Ich hatte weit weg einen Döbel-Schwarm ausgemacht. Wegen eines dichten Bewuchses konnte ich mich den Fischen nicht nähern und konnte den Köder auch nicht zwischen den Ästen hindurchwerfen. Deshalb war ich gezwungen, ein gutes Stück stromaufwärts zu gehen – etwa 50 m –, um eine Möglichkeit zu finden, den Köder hinunterzubefördern. Ich benötigte eine sehr große Pose, die einen üppigen, gut sichtbaren Köder halten konnte. Ich habe eine 4 m lange Rute verwendet und eine Schnur mit an die 2,2 kg Tragkraft. Eine kräftige Schnur ist unabdingbar, wenn man einen großen Fisch gegen die Strömung einholen möchte.

Es ist nie verkehrt, ein wenig Köder anzufüttern, um die Döbel unter Erlenzweigen oder Gestrüpp hervorzulocken.

▲ KÖDERVORBEREITUNG

Nehmen Sie ein frisches Stück Weißbrot. Zupfen Sie ein münzgroßes Stück heraus. Stecken Sie den Haken hindurch und pressen Sie das Brot sanft, aber kräftig um den Schenkel. Lassen Sie die Ecken lose abstehen, damit in der Strömung kleine Stückchen abbrechen.

▼ MIT LEICHTIGKEIT

In diesem Fall ist ein weiter Wurf nicht angebracht, vielmehr schwingt man den Köder mit einem Unterarmwurf in die Strömung hinaus. Dadurch behält man eine gute Kontrolle und die Pendelbewegung hält das Brot sicher am Haken.

▲ ZURÜCKHALTEN

Es ist sinnvoll, das Abspulen der Schnur hinter dem Schwimmer hin und wieder zu stoppen, während er stromabwärts treibt. Das heißt, die Pose wird im Wasser gehalten und das Brot durch die Wasserschichten an die Oberfläche gehoben.

▲ WEITERFISCHEN

Die Pose ist 90 m stromabwärts untergetaucht. Nun erfolgt ein guter, schwungvoller Anhieb, um die lose Schnur zu straffen und den Haken zu setzen. Die Rollenbremse ist ziemlich stark angezogen.

◀ DER DRILL

Sobald der Fisch am Haken ist, sollte man ihn mit festem Griff vom restlichen Schwarm wegholen. Den Fluss hinaufziehen und Schnur aufspulen, sobald man ein Nachlassen der Spannung spürt!

▼ KLEINE OPERATION

Hier kommt die Arterienklemme ins Spiel. Sie werden feststellen, dass Sie den Haken damit leicht lösen können – besonders wenn er keine Widerhaken hat. Das sollte der Fisch kaum spüren.

▲ LASSEN SIE IHM ZEIT

Führen Sie den Fisch zum Netz und heben Sie ihn leicht hinein. Nichts überstürzen, sonst verursacht das Netz Spritzer, der Fisch gerät in Panik und versucht einen letzten Sprung.

▼ UND ZURÜCK INS WASSER

Betrachten Sie den Fisch ein paar Sekunden und freuen Sie sich an seiner Schönheit. Dann halten Sie den Fisch im Wasser gerade, bis er wieder zu Kräften kommt

SPINNFISCH-
TECHNIKEN

Spinnfisch-Techniken

EINES DER DINGE, DIE DAS ANGELN MIT KUNSTKÖDERN SO REIZVOLL MACHEN, IST DIE TATSACHE, DASS ES KÖRPER UND GEIST IN BEWEGUNG HÄLT. WENN MAN AUTOMATISCH UND OHNE ÜBERLEGUNG ANGELT, WIRD MAN KAUM ETWAS FANGEN.

Nehmen Sie immer nur wenig mit. Rute und Rolle, vielleicht einen Kescher und eine leichte Tasche mit Ködern und Zubehör, mehr brauchen Sie nicht. Beschweren Sie sich nicht mit zu viel Ausrüstung, denn Sie werden immer weniger Lust haben, sich fortzubewegen. Man findet den Fisch nur, wenn man nach ihm sucht.

Allgemein gilt: Wenn sich nichts tut, weitergehen. Suchen Sie alle erfolgversprechenden Bereiche ab, doch wenn Sie keine Freude dabei finden, sind entweder keine Fische da oder sie sind nicht auf Futtersuche. Wenn Sie aber einmal einen einzelnen Fisch gefangen haben – ob gekeschert oder nicht –, dann bleiben Sie eine Weile dort und arbeiten Sie das Gebiet systematisch durch. Obwohl man etwa den Hecht nicht als typischen Schwarmfisch bezeichnen kann, kann man feststellen, dass sich oft mehrere Hechte im gleichen Gebiet aufhalten und eine enge Gruppe bilden. Das ist nicht immer so, doch jeder Erfolg legt nahe, weiterzuforschen.

Nach welchen Gewässerabschnitten suchen wir? Im Grunde sollte man versuchen, sich in die Lage des Raubfischs zu versetzen. Stellen Sie sich vor, Sie seien ein Tier, das einen Hinterhalt auf

▲ **STOLZER ANGLER**
Dieser herrliche Hecht wurde mit einem Oberflächenwobbler unter dem Blätterdach überhängender Zweige gefangen. Hechte suchen stets nach Deckung.

▼ **PERFEKTE DECKUNG**
Seerosenblätter sind besonders anziehend für Hechte. Sie mögen den Schatten der Blätter, ebenso aber auch die Möglichkeit, sich hier auf die Lauer zu legen. Versuchen Sie, einen Kunstköder so nah wie möglich am Rand der Blätter zu bewegen.

einen Schwarm vorbeischwimmender Fische plant. Dazu braucht man Deckung. Vielleicht versteckt man sich hinter einem Brückenvorsprung oder im tiefen, dunklen Wasser einer Flussbiegung. Natürlich möchte man sich die Deckung von Schilf, Krautbetten, Seerosen oder versunkenen Schiffen zunutze machen – alles, was die eigene Gestalt vertuscht und einen so unsichtbar wie möglich macht.

Denken Sie beim Auswerfen des Köders daran! Versuchen Sie, ihn möglichst akkurat zu platzieren und möglichst nah an den unterschiedlichen Gebilden, die Sie im Auge haben. Arbeiten Sie mit dem Köder so lange wie möglich, etwa an einem Schilfgürtel oder an ein paar versunkenen Stegen entlang.

Überstürzen Sie nichts ... geben Sie dem unentschlossenen Räuber Zeit,

sich zu entscheiden. Je länger man überlegt, was zu tun ist, je mehr man experimentiert, herumwandert und Stellen man ausprobiert, desto größer sind die Chancen auf Erfolg.

▲ **KAPITALER BARSCH**

Ein solcher Flussbarsch kann mit seinem großen Maul eine Beute machen, die ein Drittel seines Gewichts hat. Also keine Angst vor großen Ködern für große Barsche!

HEBEN UND SENKEN

Spinnfischen mit einem toten Köderfisch ist eine grundlegende Technik, die sich ausgezeichnet zum Fang von Raubfischen eignet.

1 Man verwendet zwei Drillingshaken am Vorfach und befestigt daran den Köderfisch, so dass er leicht gebogen ist. Das verleiht ihm im Wasser eine ansprechende, zuckende Bewegung.

2 Benutzen Sie den Köderfisch etwa in der gleichen Art wie einen Kunstköder. Versuchen Sie, den toten Fisch zunächst einmal möglichst lebendig erscheinen zu lassen!

3 Dann aber hören Sie mit dem Einholen auf und lassen ihn auf Grund sinken. Dort sollte er sollte er einige Minuten bewegungslos liegen bleiben. Danach zupft man ihn mehrere Meter nach oben, lässt ihn erneut zu Boden sinken und wiederholt das Ganze.

4 Wenn das nicht funktioniert, bewegen Sie den toten Köder energischer im Freiwasserbereich.

5 Sehen Sie Fische an der Oberfläche schnappen, werfen Sie den Totköder aus und ziehen ihn sehr schnell durch die oberen Wasserschichten zurück.

◀ **EIN BERECHNETER WURF**

Beim Angeln mit Kunstköder sollte man nicht blind herumwerfen, sondern genau überlegen, wo der Köder hin soll. In diesem Fall hatte ich auf die Lücke zwischen überhängenden Bäumen gezielt, da ich sicher war, dass sich dort Fische versteckten.

▶ **EINE ATTRAKTION**

An einem hellen Tag und bei ruhigem Wasser ist ein Köder nah an der Oberfläche besonders anziehend. Er sendet Schwingungen aus und ein Hecht kann die Wellen ohne weiteres erkennen.

▼ **DER ANHIEB**

Ich konnte genau sehen, wie der Fisch sein Versteck zwischen überhängenden Ästen verließ und schnurstracks auf meinen Köder zu schoss. Sein Maul öffnete sich, der Wobbler verschwand einfach.

Oberflächenköder

Morgendämmerung im Sommer. Ein schöner, warmer, klarer Morgen ist genau die richtige Zeit für einen Oberflächenköder. Wählen Sie etwas, das beim Einholen richtig gurgelt! Suchen Sie sich einen Flachwasserbereich, am besten bei Krautbänken. Die Chancen stehen gut, dass ein Hecht, Zander oder anderer Räuber in der Dunkelheit dorthin geschwommen sind, um nach kleinen Schwarmfischen zu suchen. Man wirft weit aus, wartet, bis die Wellen sich ausbreiten, und bewegt dann den Köder geschickt umher. Ziehen Sie ihn nicht einfach mit gleichmäßiger Geschwindigkeit zurück – sondern variieren Sie die Einholbewegung. Halten Sie für drei oder vier Sekunden inne und lassen Sie den Köder bewegungslos im Wasser hängen. Viele Hechte beißen jetzt an. Suchen Sie die Oberfläche nach kleinen flüchtenden Fischen ab – ein sicheres Zeichen für einen fetten Raubfisch auf Jagd. Ein Oberflächenwobbler, den man über einem bewegten Gebiet auswirft, kann schnell geschnappt werden – und das recht wild. Machen Sie sich auf stürmische Zeiten gefasst!

▶ **EIN ECHTER RAUFBOLD**

Ist das Wasser klar und warm, ziehen Hechte wirklich davon. Sorgen Sie also dafür, dass die Schnur in bestem Zustand ist und alle Knoten sicher sind.

▲ LETZTER FLUCHTVERSUCH

Ich zog den Hecht gerade zu mir heran, da brach er wieder aus, sein Körper platschte aufs Wasser. Wenn die Rolle jetzt keine Schnur ausgegeben hätte, wäre ein Schnurbruch die Folge gewesen.

▲ ENDLICH IM NETZ

Für große Fische braucht man unbedingt einen großen, tiefen Kescher. Ist das Netz nicht tief genug, besteht das Risiko, dass der Fisch aus dem Kescher hüpft, während man zum Ufer watet.

▲ NUR MUT!

Das Maul eines Hechts mit diesen gefährlich wirkenden Wolfszähnen kann ziemlich beunruhigend aussehen, doch wenn man sich Zeit lässt, kann man die Haken mühelos entfernen. Legen Sie den Hecht auf den Rücken und halten Sie ihn mit der Hand unter dem Kiemendeckel. Dann öffnet sich das Maul leicht und Sie können die Haken mit einer langschenkeligen Arterienklemme entfernen. Und wie immer gilt: Verwenden Sie keine Widerhaken!

◀ BEHUTSAM

Halten Sie den Fisch im Wasser, bis er stark genug ist, um von selbst wegzuschwimmen. Das ist der Augenblick, in dem man seinen Fang in Ruhe betrachten und die großartige Farbmusterung bewundern kann.

EIN HERBSTBARSCH

Dieser Barsch ist wirklich groß. Er ist auf einen kleinen Köderfisch hereingefallen, der bei kaltem Wetter und trübem Wasser über Grund gefischt wurde. Bei solchen Bedingungen angelt es sich nicht sehr gut mit Kunstködern.

▶ PARADIES FÜR JIGS

Eine Szene auf einem riesigen, klaren und kalten See im Baltikum, wo sich Hechte stark vermehren. Das Spinnfischen mit Jigs ist hier besonders erfolgreich. Die Angler in diesem Boot bearbeiten gerade einen bekannten Tummelplatz. Man verwendet unterschiedliche Typen und Farben, bis man den passenden Weichplastikköder des Tages gefunden hat.

Mit Weichplastikködern

Es gibt wohl keine spannendere Angelmethode für Barsch als mit einem Gummiköder in der Nähe gut sichtbarer Gebilde im Wasser zu fischen.

Wählen Sie Ihre Position sorgfältig – bei einem Landungssteg, Bootshaus, einem versunkenen Boot oder Unterwasserpfählen ... allem, was einen Schwarm Barsche anlocken könnte.

Man muss nicht weit werfen, sondern den Jig einfach nur hinausschnippen. Lassen Sie ihn auf Grund sinken und zupfen sie ihn hoch und hinunter, hin und her, bis Sie eine Reaktion bekommen. Zupfen – oder besser jiggen – Sie den Köder mit Bedacht. Hier gilt, wie bei jedem Kunstköder, eine bloß mechanische Bewegung macht sich nicht bezahlt. Hauchen Sie dem Jig soviel Leben wie möglich ein!

Versuchen Sie es mit unterschiedlichen Ausführungen, Farben und Größen. Wenn ein Wurm nichts bringt, nehmen Sie eine Eidechse oder sogar einen kleinen Tintenfisch. Barsche sind sehr neugierig. Sie werden feststellen, dass sie häufig ganz nah heran kommen und den Köder mehrere Minuten beobachten, ehe sie sich entscheiden. Manchmal genügt es, den Köder im Hinblick auf Form, Größe oder Farbe nur ein wenig zu verändern, und schon zeigt sich eine Reaktion.

Manchmal werden die Plastikköder nur ein wenig angeknabbert oder gezupft. Wenn das geschieht, kann man vielleicht einfach den Schwanz leicht kürzen. Aber entfernen Sie nicht zuviel, das könnte die Aktion im Wasser beeinträchtigen. Oder spießen Sie zusätzlich noch einen kleinen Wurm auf den Haken. Das erhöht das Gefühl der Echtheit und verändert den Geruch.

Sie merken jetzt vielleicht, warum Spinnfischen etwas für den intelligenten, mitdenkenden Angler ist: Es hat mit Täuschung zu tun. Fische lassen sich oft weniger leicht täuschen, als man anfangs glauben möchte.

▲ SPINN-ERFOLG

Dieser prachtvolle Hecht biss an, sobald der Jig den Grund erreichte. Beim Jiggen können Hechte zu jedem Zeitpunkt gefangen werden – wenn der Jig sich auf den Grund zu bewegt oder an die Oberfläche gezogen wird.

▼ EIN BESONDERER TAG

Das ist wirklich ein toller Hecht. Beachten Sie, wie behutsam er für dieses Foto gehalten wird. Haben Sie keine Angst vor diesen großen Raubfischen, auch wenn das Maul recht erschreckend aussehen kann.

Spinnfischen im Winter

Es ist Winter geworden. Nach einigen kalten Tagen hat sich am Rand des Sees bereits dünnes Eis gebildet. Raubfische, besonders Hechte, sind nun lethargisch und haben wenig Lust, einer Beute nachzujagen. Wenn etwas in Reichweite ist, das nach einem möglichen Opfer aussieht, sind sie jedoch durchaus bereit, danach zu schnappen. Das ist der Moment für einen Tiefwasserwobbler oder einen großen, schweren Löffel. Werfen Sie aus und lassen sie den Wobbler nach unten sinken, bis Sie merken, dass er auf dem Grund gelandet ist. Stellen Sie sich vor, wie er am Boden das Sediment aufwirbelt! Auch wenn der Hecht den Köder selbst nicht sehen kann, spürt er doch die Schwingungen und erkennt vielleicht die aufgewirbelten Sedimentwolken. Man sollte den Köder möglichst langsam bewegen, denn der Räuber hat bei so niedrigen Temperaturen keine Eile.

Auf genau die gleiche Weise können Sie auch einen großen, silbern blitzenden Blinker benutzen. Man wirft aus und lässt ihn auf Grund sinken. Hat man genug Schnur ausgegeben, kann man sofort mit dem Einholen beginnen, aber langsam und mit plötzlichem Zucken. Versuchen Sie sich vorzustellen, wie der Löffel langsam über den Boden gleitet, manchmal vielleicht gegen ein abgestorbenes Seerosenblatt stößt oder einfach nur über ein Stück Sand rutscht. Anbisse sind meist sehr stark, man könnte zuerst meinen, man hätte sich in einem Ast verhakt. Das passiert natürlich auch, doch ebenso oft schlägt der „Ast" zurück!

Tote Köder

Das Spinnfischen ist eine ungeheuer spannende Art, Raubfische zu fangen, doch es ist in hohem Maß von relativ klarem Wasser abhängig. Sind die Seen oder Flüsse trüb, ist der Fangerfolg beim Spinnfischen fraglich. Dann muss man etwas anderes versuchen – am ehesten bedeutet das wohl die Verwendung toter Köder.

Totköder sollten so frisch wie möglich sein, denn Hechte sind keine Aasfresser, sie mögen ein schmackhaftes Mahl. Man sollte tote Meeresfische dem toten Süßwasserfisch vorziehen. Wenn Sie Süßwasserfische verwenden, kann das unter Umständen den Bestand des Gewässers gefährden, dem Sie sie entnehmen.

Es lohnt sich, eine Auswahl verschiedener Köder bereitzuhalten. Zu den Favoriten gehören Hering, Makrele, Sardine und Sprotte, doch auch andere Meeresfische aus dem Fischgeschäft sind einen Versuch wert – besonders an vielbefischten Gewässern, wo die Hechte schon fast jeden Köder kennen.

Auch hier gilt: Stellen Sie sicher, dass die Widerhaken an Drillingen geplättet sind, und vor allem setzen Sie einen schnellen Anhieb, sobald ein Fisch abzieht. Wenn Sie einen Hecht beim Anhieb verlieren, war es wohl ein sehr kleiner Fisch, der den Köder nicht richtig schlucken konnte. Wenn der Hecht eine ordentliche Größe besitzt, geht er fast immer an den Haken, sobald er abzieht.

Treibangeln mit Totköder

Am spannendsten ist das Angeln wahrscheinlich mit totem Köder unter einer Segelpose, wie rechts zu sehen ist.

Der große Vorteil der Segelpose besteht darin, dass man damit das gesamte Gewässer absuchen kann, von der Ufernähe bis an die 100 m in den See hinein.

Die Montage muss präzise bebleit sein. Wiegt sie zu wenig, kippt der Schwimmer zur Seite. Ist sie zu schwer, hängt die Pose zu tief im Wasser und das Fähnchen steht nicht hoch genug, um vom Wind erfasst zu werden.

Man sollte darauf achten, dass die Schnur zwischen Schwimmer und Rute gut gefettet ist, damit sie an der Oberfläche bleibt. Es gibt dafür automatische Einfettgeräte.

Halten Sie die Pose bei ihrer Reise übers Wasser in regelmäßigen Abständen an. Schließen Sie einfach den Schnurfangbügel, damit nicht mehr Schnur ausgegeben wird. Dadurch bewegt sich der Schwimmer mehrere Meter nach rechts oder links und Sie können auf diese Weise noch mehr Fläche absuchen.

Sobald die Pose ein gutes Stück zurückgelegt hat – etwa 50–60 m – benötigen Sie wahrscheinlich das Fernglas. Beobachten Sie die Pose sehr aufmerksam nach Zeichen für einen Anbiss. Zögern Sie nicht mit dem Anhieb, denn der Fisch könnte den Köder verschlucken, und dann wird das Abhaken zum Alptraum.

Beim Anhieb sollten Sie die Schnur so weit einholen, bis sie gespannt ist. Nun heben Sie die Rute, gehen rückwärts das Ufer hinauf und setzen den Anhieb. Dadurch können Sie selbst auf große Entfernungen den Haken setzen. Achten Sie beim Einsatz einer Segelpose darauf, dass die Spule bis an den Rand mit Schnur gefüllt ist. Manchmal angelt man weiter als 130 m, und wenn ein Fisch noch weitere 20 m abzieht, könnte man Probleme bekommen, falls man nicht genug Restschnur hat.

▶ **SEGELPOSEN-MONTAGE**

Um ein weites Gebiet abzufischen, ist es bei windigen Bedingungen sinnvoll, eine Segelpose zu verwenden. Man erkennt das Fähnchen an der Pose: Es wird vom Wind erfasst und trägt Pose und Köder über den See. Montieren Sie den Schwimmer so, dass der Köder zwischen Oberfläche und Grund hängt. Das Blei sollte groß genug sein, damit die Pose senkrecht steht und man gerade noch Fähnchen und ein Stück der Pose aus dem Wasser ragen sieht.

▼ **SCHOTTISCHER FANG**

Dieser schöne Hecht wurde im Frühling aus einem schottischen See geholt. Nach der Laichperiode war er schlank und daher sehr hungrig, als er den toten Forellenköder sah.

FLIEGENFISCHEN: WERFEN

Fliegenfischen: Werfen

ANFÄNGER NEIGEN DAZU, DAS AUSWERFEN BEIM FLIEGENFISCHEN ALS EINE
ART GEHEIMKUNST ZU BETRACHTEN, ABER DAS IST IN WIRKLICHKEIT NICHT
DER FALL. MAN LERNT DEN GRUNDWURF LEICHT IN EIN BIS ZWEI STUNDEN.

Ganz klar: Fliegenfischen ist eine körperliche Erfahrung, die sehr viel Spaß macht; man braucht nicht unbedingt einen Fisch gefangen zu haben, um diesen Sport genießen zu können.

Es gibt tatsächlich eine große Zahl unterschiedlicher Wurfmöglichkeiten, doch viele sind nur Variationen eines Grundwurfs. Wenn Sie daher den einfachen Überkopfwurf beherrschen, der etwa 90 % aller Situationen abdeckt, sind Sie schon auf dem richtigen Weg. Sie werden bald feststellen, dass Sie an schwierigen Ecken, wie etwa unter Bäumen, automatisch seitlich auswerfen, und setzen damit Ihr Wissen gleich in die Praxis um. Doch wie lernt man einen guten

Wurf? Die erste Überlegung gilt der Frage, ob Rute und Schnur harmonieren und für den vorgesehenen Wurf stark genug sind. Die Schnur ist wichtig: Wenn Sand, kleine Steine oder Erde daran hängen, gleitet sie nicht so gut durch die Ringe, wie sie es tut, wenn sie sauber und gut gefettet ist. Überprüfen Sie zur Sicherheit regelmäßig die Ringe, damit sich keine Ablagerungen bilden, die die Schnurgeschwindigkeit bremsen.

Der allgemeine, grundlegende Überkopfwurf wird von einigen Faktoren beeinflusst. Zuerst sollte man sich über die Geschwindigkeit im Klaren sein, die durch das Vor- und Zurückbewegen der Rute – den so genannten Leerwurf –

▶ **DISTANZ UND GENAUIGKEIT**
Wahrscheinlich befinden sich die Fische ein gutes Stück vor diesem Angler. Der Wurf muss kraftvoller sein als an einem kleineren Fluss, das bedeutet jedoch nicht, dass Genauigkeit und Feinheit unwichtig sind.

▲ **PUNKTGENAU**
Dieses Foto entstand auf der Südinsel Neuseelands und zeigt einen Angler, der an einem kristallklaren kleinen Bach einer großen Regenbogenforelle auflauert. Jede falsche Bewegung kann den Fisch erschrecken und er reißt sofort aus. Stromauf fischen ist hier auch deshalb empfehlenswert, weil die Forelle einen Angler, der von hinten kommt, nicht so schnell bemerkt.

◀ **IM UNTERHOLZ**
Es ist überraschend, wie genau man an einem kleinen, überwucherten Fluss fischen kann, wenn man sich Zeit nimmt und genau abklärt, wo Äste herabhängen und Uferpflanzen wachsen. Bewegen Sie sich langsam, und werfen Sie genau und mit kurzer Schnur. Nicht Entfernung ist hier gefragt, sondern Genauigkeit. Dieser Angelstil eignet sich gut für windstille Tage.

SICHERHEIT BEIM FLIEGENFISCHEN

1 Beim Lesen dieses Buches haben Sie sicher schon bemerkt, dass ich jedem Angler das Tragen einer Polarisationsbrille empfehle. Man kann viel besser durch die Wasseroberfläche hindurch sehen. Für das Werfen der Fliegen ist das besonders wichtig, denn Sie wollen ja möglichst genau auf den Fisch zielen. Außerdem kann man damit das Flussbett klarer erkennen und vermeidet es, in ein tiefes Loch zu stolpern.

2 Auch als Schutz für die Augen ist eine Brille wichtig. Denken Sie daran, dass Ihnen den ganzen Tag behakte Fliegen um den Kopf schwirren, und zwar mit hoher Geschwindigkeit. Möglicherweise bläst ein Windstoß sie direkt in Ihr Gesicht. Ich habe Leute mit Haken in Nase und Ohren gesehen, ich selbst hatte mal einen am Kopf. Das ist schlimm genug, doch der Gedanke eines Hakens im Auge ... Also: tragen Sie so eine Brille!

3 Um einen Unfall mit dem Haken zu vermeiden, sollte man immer Geschwindigkeit und Richtung des Windes prüfen. Achten Sie darauf, ob der Wind die Fliegenschnur in Ihre Richtung bläst. Wenn Sie Rechtshänder sind, bedeutet das natürlich, dass der Wind von rechts kommt. Vermeiden Sie möglichst eine solche Situation, besonders als Anfänger.

4 Auch hier gilt, wie bei fast allen Angelarten: Verwenden Sie Haken ohne Widerhaken, oder plätten Sie sie fürs Fliegenfischen. Wenn irgendetwas schief geht, rutscht ein widerhakenloser Haken ohne viel Schmerz oder Aufwand heraus.

5 Achten Sie immer auf Hochspannungsleitungen über oder neben sich. Denken Sie daran, dass die Kohlefaser Ihrer Rute ein allzu guter Stromleiter ist.

6 Beim Fliegenfischen sollten Sie stets darauf achten, ob am Ufer jemand hinter Ihnen vorbeigeht. Riskieren Sie nie einen schnellen Wurf, bevor jemand kommt, Sie könnten sich zeitlich verschätzen.

7 Nach einem Standortwechsel sollte man nach hinten schauen, ob Bäume oder Sträucher im Weg sind ... oder Vieh! Ich habe einmal mit angesehen, wie ein junger Bulle am Ohr aufgespießt wurde und bei seiner Flucht die ganze Leine samt Nachschnur abwickelte!

8 Wenn man in einem Fluss oder stehenden Gewässer watet, ist es immer wieder verlockend, nur noch das kleine Stück weiter und tiefer zu gehen, um steigende Fische zu erreichen. Seien Sie dabei sehr, sehr vorsichtig und stellen Sie stets sicher, dass Sie auf gleicher Höhe bleiben. Es kann nicht schaden, einen Watstock mitzunehmen, als „drittes Bein" hält er das Gleichgewicht, und außerdem lässt sich die Tiefe damit ausloten. Bei starker Strömung sollte man besonders vorsichtig sein.

entsteht, was Kraft und Schnelligkeit erzeugt. Die Hebelwirkung der Rute und die Kraft aus dem Handgelenk haben zusammen eine Art Katapulteffekt. Die Geschwindigkeit der Schnur lässt sich noch steigern, indem man zwischen Rolle und erstem Ring an der Schnur zieht. Dieser Zug nach unten erhöht die Schnurgeschwindigkeit und vergrößert damit leicht die Entfernung. Anfänger sollten sich darüber nicht den Kopf zerbrechen, es aber in Betracht ziehen, wenn sie mehr Erfahrung besitzen.

Einer der häufigsten Gründe für einen missglückten Wurf ist das Nachlassen der Geschwindigkeit der Fliegenschnur. Als Hauptfehler gilt hier, die Schnur bei ihrer Rückwärtsbewegung schlaff werden zu lassen. Wird sie nicht gespannt und kontrolliert nach hinten geschwungen, fällt die Schnur mit Sicherheit zu Boden. Daher hilft es Anfängern, wenn sie zunächst den Rückschwung während der Ausführung beobachten. Es mag nicht gut aussehen und unprofessionell wirken, doch zumindest stellt man so sicher, dass die Schnur sich ordentlich streckt und man mit dem Vorschwung fortfahren kann, der die Fliege dann korrekt präsentiert.

Seit Jahrzehnten vergleichen Wurflehrer die Fliegenrute mit einem Uhrzeiger: Der Rückschwung hält um 1 Uhr an, der Vorschwung stoppt, wenn die Rute auf 11 Uhr steht. Diese Vorstellung hat viel für sich. Wenn sich die Rute im Abschnitt zwischen 10 und 2 Uhr bewegt, werden Sie feststellen, dass die Schnur oft absackt und Sie die Kontrolle verlieren. Wenn der Rückwurf etwa bis 3 Uhr zurückgeht, hat man kaum eine Chance, die Schnur wieder in die Höhe zu bekommen. Der Grund liegt zum Teil in dem Luftdruck, der sich um die Schnur aufbaut, was ihre Geschwindigkeit notwendigerweise drosselt ... aber das sind mehr technische Details, als Sie jetzt brauchen, also bleiben wir einfach bei den Regeln. Das Grundprinzip sieht so aus: Die Rute sollte sich nur zwischen den Positionen von 11 Uhr und 1 Uhr bewegen – in der Leerwurfphase –, dadurch hat man mehr Schnur zur Verfügung und kann die Fliege weiter vom Ufer entfernt platzieren.

Denken Sie immer daran, beim Wurf die Schnur mit der linken Hand straff zu halten. Wenn die Schnur aus irgendeinem Grund schlaff wird, gehen Schnelligkeit und Stärke natürlich verloren und der ganze Wurf fällt in sich zusammen.

Die Wurftechnik

1 ES GEHT LOS
Halten Sie die Fliege in der linken Hand und wickeln Sie etwas Schnur von der Rolle. Dann schnippen Sie die Schnur mit der Fliege ins Wasser.

2 SCHNUR VON DER ROLLE ZIEHEN
Als Nächstes zieht man mit der Linken etwa 1 m Schnur von der Rolle. Schütteln Sie die Rute, sodass die Schnur durch die Ringe abläuft.

3 WIEDERHOLEN SIE DAS GANZE
Wickeln Sie noch mehr Schnur ab und lassen Sie die Schnur weiter ins Wasser rutschen. Jetzt haben Sie genug Schnur, um mit dem Wurf zu beginnen.

7 FERTIG ZUM WEITWURF
Der erste Wurf ist beendet und die Extraschnur hängt deutlich sichtbar unter der Rolle. Fertig zum nächsten Wurf!

8 DER WEITWURF BEGINNT
Die Schnur wird durch die Rückwärtsbewegung der Rute aus dem Wasser nach oben bewegt. Lassen Sie die Extraschnur durch die Finger gleiten.

9 BLICKEN SIE DER FLIEGE NACH
Sie haben jetzt etwa 9 m Schnur hinter sich! Am Anfang sollten Sie nach hinten schauen, damit sicher ist, dass sich die Schnur auch streckt.

WAS TUN, WENN ES NICHT KLAPPT?

Trotz aller Sorgfalt kommen Sie beim Werfen nicht voran? Da gibt es verschiedene Lösungsmöglichkeiten:

1 Sind Sie sicher, dass Rute und Schnur wirklich aufeinander abgestimmt sind? Es hat keinen Sinn, eine schwere Rute mit leichter Schnur oder umgekehrt zu verwenden.

2 Führen Sie den Rückschwung ordentlich aus? Streckt sich die Schnur hinter Ihnen richtig und ist sie gerade, ehe Sie mit dem Vorschwung beginnen? Wenn Sie den Rückschwung absinken und auf den Boden fallen lassen, haben Sie ein Problem.

3 Läuft die Schnur schnell genug? Anfänger scheinen oft von dem ganzen Wurfprozess eingeschüchtert zu sein und gehen die Aufgabe nicht mit ausreichend Schwung und Energie an! Man kann es natürlich auch übertreiben, doch es ist besser, etwas zu übertreiben statt zu untertreiben.

4 Es könnte sein, dass die Fliege einfach zu schwer zum Werfen ist. Sehr große Kunstköder verlangen oft nach speziellen Wurftechniken. Es ist weitaus besser, zuerst mit einer kleinen Nymphe zu beginnen, vielleicht an Hakengröße 14 oder 16.

5 Versuchen Sie vielleicht, die Fliege bei zu starkem Wind auszuwerfen? Ist der Wind sehr stark, hat man ihn besser im Rücken. Wenn er einem ins Gesicht bläst, hat selbst ein Experte Schwierigkeiten. Die ersten Male sollte man bei möglichst windstillem Wetter hinausgehen.

6 Ist das Vorfach – das Stück Nylon, das die Fliege mit der Fliegenschnur verbindet – zu lang? Bei sehr speziellen Bedingungen ist ein langes Vorfach vorteilhaft, doch am Anfang sollte man eines binden, das keinesfalls länger als die Rute ist. Wenn Sie also beispielsweise eine 2,7 m lange Rute verwenden, dann ist ein 2,4–2,7 m langes Vorfach völlig richtig.

7 Sind Sie zu ehrgeizig und machen Sie zu viele Leerwürfe, um noch ein paar Meter mehr Schnur herauszuholen? Zunächst sind Wurfstil und Technik wichtiger als die Entfernung. Angenommen, der Wurf ist gut gespannt und ordentlich, dann ist es nicht so wichtig, ob Sie 6 m oder 15 m Schnur auswerfen. Konzentrieren Sie sich anfangs lieber auf gute, kurze Würfe, statt wilde, lange Würfe zu versuchen, die wahrscheinlich mit einem lauten Klatschen landen und die Fische vertreiben. Sie werden feststellen, dass Ihre Würfe allmählich weiter werden, je öfter Sie draußen sind.

8 Die Fliegenschnur könnte auch aus irgendeinem Grund klebrig sein. Wickeln Sie sie von der Rolle und waschen Sie sie im warmem, leicht seifenhaltigen Wasser. Sie werden überrascht sein, wie viel Schmutz und Sand Sie finden. Wenn die Schnur sauber ist, merken Sie bald dass sie viel leichter durch die Ringe läuft.

4 LEERWURF

Beim Leerwurf bewegen Sie die Rute nach hinten und vorne, um immer mehr Schnur in die Luft zu bekommen. Die Fliege saust durch die Luft.

5 STARTEN SIE KURZ

Nach ein oder zwei Leerwürfen lassen Sie die Schnur etwa 6,5–7,5 m vor sich landen. Es könnte sich ein Fisch in Ufernähe aufhalten.

6 MEHR SCHNUR ABSPULEN

Nach diesem kurzen Wurf spulen Sie noch mehr Schnur von der Rolle – etwa weitere 2 m.

10 HINAUS DAMIT

Beim Vorschwung schießen die gesamten 9–10 m nach vorne und landen sanft auf dem Fluss vor Ihnen.

11 GLEICHMÄSSIG EINHOLEN

Während die Fliege mit der Strömung hin- und hertreibt, strafft man die Schnur, indem man lose Schnur mit der Linken einholt.

12 ERNEUTER WURF

Sie haben nun ziemlich viel Schnur in Ihrer linken Hand und heben die Rute, um erneut auszuwerfen. Halten Sie alles ruhig und unter Kontrolle!

FLIEGENFISCHEN: TECHNIKEN

Fliegenfischen: Techniken

SIE HABEN JETZT DIE RICHTIGE AUSRÜSTUNG UND KÖNNEN EINE FLIEGE MIT ZIEMLICHER GENAUIGKEIT AUF ANGELBARE DISTANZ WERFEN. WAS KOMMT ALS NÄCHSTES? DIE GOLDENE REGEL BEIM FLIEGENFISCHEN HEISST »DIE RICHTIGE FLIEGE AM RICHTIGEN ORT«. MAN SOLLTE ALSO VERSUCHEN, EIN NATÜRLICHES INSEKT, SO GUT ES GEHT, DURCH EIN KÜNSTLICHES ZU IMITIEREN.

▼ **WAHL DER FLIEGE**

Die Wahl der Fliege ist wirklich wichtig, besonders an großen Seen bei klarem, heißem Wetter und sehr wenig Wind. Es lohnt sich, jemanden um Rat zu fragen, der sich auskennt – und hier spreche ich mit einem Gewässerwart. Große oder kleine Fliege? Hell oder dunkel? Das sollte man wissen.

Die Aufgabe besteht letztlich darin, einer Forelle vorzugaukeln, dass Fell und Federn ein echtes, lebendiges Geschöpf darstellen.

Um das zu können, muss man eigentlich immer imstande sein, zu erkennen, wovon sich die Mehrheit der Forellen zu einer bestimmten Zeit ernähren. Sie haben dann hoffentlich auch die richtige Imitation in Ihrer Fliegenbox, die sich in den Schwarm der natürlichen Insekten einreihen kann.

Das ist eine Fähigkeit, die man sich durch Erfahrung aneignet – also keine Sorge, wenn das anfangs alles etwas

▼ **EIN SPANNENDER MOMENT**

So etwas sieht jeder Angler gern – eine hübsche Bachforelle bahnt sich den Weg durch Krautwedel, bereit, ein Mayfly-Muster zu schnappen.

unzugänglich wirkt. Zeit und Ausdauer ändern das, und innerhalb einer Fliegenfisch-Saison werden Sie oft das Passende finden, dann wird „Die richtige Fliege am richtigen Ort" nicht mehr so schwierig erscheinen. Wenn Sie es einmal oder zweimal schaffen, wächst Ihr Selbstvertrauen und auch das Bedürfnis, noch mehr darüber zu wissen.

Betrachten wir also einige Situationen, die sich dem Neuling anbieten.

Unsere erste Szene spielt Ende Mai oder Anfang Juni an einem klaren, unberührten Forellenfluss. Setzen Sie sich ruhig hin und beobachten Sie den Fluss und die umliegenden Schilfgürtel. Nach einer Weile sehen Sie wahrscheinlich riesige, schillernde Fliegen an der Wasseroberfläche, die langsam in Spiralen nach oben fliegen. Diese Fliegen sind ungefähr 2,5 cm groß und leuchten in Weiß, Gelb oder Grün. Manchmal sieht man sie einzeln oder in sehr kleinen Gruppen, aber zeitweise schwärmen diese herrlichen Insekten in Massen den Fluss entlang. Dann spielen die Forellen verrückt. Was man hier beobachten kann, gehört zu den goldenen Zeiten im Kalender des Fliegenfischers: das Schlüpfen der Mai- oder Eintagsfliegen.

Die Maifliege ist so groß und saftig, dass sogar alte, misstrauische Forellen alle Vorsicht in den Wind schlagen. Aus diesem Grund hat man diese zwei Wochen der Eintagsfliegen-Saison auch oft als „Trottel-Wochen" bezeichnet. Und in der Tat: Selten sind Forellen zu einem anderen Zeitpunkt so leicht zu fangen wie während dieser Tage. Es ist wirklich herrlich, draußen am Ufer zu sein.

Bei Durchschnittsforellen braucht man jetzt in der Auswahl der Eintagsfliege nicht sehr wählerisch sein, aber wenn Größe und Färbung passen, kann das für Sie nur von Vorteil sein.

Werfen Sie so sanft wie möglich aus, etwa 1 m stromauf von einer permanent fressenden Forelle, die Sie beobachtet haben. Versuchen Sie, die Fliege mit der Strömung zu ihr hintreiben zu lassen, ohne dass diese vom Kurs abkommt. Es lohnt sich unbedingt, weit genug stromab von der steigenden Forelle zu stehen, um so die Wirkung der Strömung zu vermindern. Steigt die Forelle, sollten Sie den Anhieb nicht zu schnell setzen, denn dies ist ein großes Insekt und selbst eine 700 g schwere Forelle braucht eine Weile, um es vollständig im Maul zu haben. Zählen Sie bis drei, ehe Sie die Rute heben. Wenn das nicht genügt, zählen Sie bis vier oder fünf – probieren Sie es aus. Der Fang Ihrer ersten Forelle mit einer Trockenfliege ist ein bedeutendes Erlebnis – besonders auf der Höhe der Maifliegen-Saison.

◄ EINE MAIFLIEGEN-IMITATION

Denken Sie daran, dass es um zweierlei geht: Erstens wollen Sie eine künstliche Fliege präsentieren, die ein wenig so aussieht, wie die echte. Zweitens wollen Sie diese so natürlich wie möglich bewegen.

▼ BEOBACHTUNG

Sie sollten das Wasser beobachten, um herauszufinden, wo die Fische stehen und hoffentlich auch, was sie fressen. Sind sie tief unten auf Nymphenfang? Dann werden Sie oft das Weiße ihrer Mäuler blitzen sehen, während sich die Lippen öffnen und schließen. Oder sind sie an der Oberfläche und schlürfen schlüpfende Insekten?

FLIEGEN-TIPPS

1 Kaufen (oder binden) Sie immer zwei Fliegen gleichen Typs, gleicher Größe und Farbe: Es ist äußerst ärgerlich, wenn man die erfolgreiche Fliege des Tages gefunden hat und sie dann in einem überhängenden Zweig verliert.

2 Machen Sie sich nicht zu viele Gedanken, wenn die Imitationen nicht perfekt mit den natürlichen Fliegen und Nymphen übereinstimmen – das Verhalten der Fliege im Wasser ist genau so wichtig wie ihr Aussehen.

3 Beachten Sie stets, wie die natürliche Fliege sich verhält, und versuchen Sie das dann mit der künstlichen nachzuahmen. Machen Sie das Zupfen nicht zur Methode, sondern variieren Sie Ihre Einholtechnik. Lassen Sie sich etwas einfallen und bleiben Sie immer konzentriert. Der Erfolg gibt Ihnen recht.

4 Man kann wohl behaupten, dass etwa 90% der Anbisse vom Angler nicht vorhersehbar sind. Eine Forelle kann heranschwimmen, die Fliege schnappen und sie dann wieder ausspucken, ohne dass der Angler weiß, was los war. Aus diesem Grund sollte man bis zur Fliege alles immer gespannt halten, und Schnur samt Vorfach mit unermüdlicher Konzentration beobachten. Wenn Sie glauben, dass etwas verändert ist, setzen Sie den Anhieb. Oft werden Sie dafür belohnt.

5 Angler verwenden häufig Bissanzeiger – kleine Styropor- oder Plastikstücke – an der Schnur, um den Biss leichter zu erkennen. Diese verhalten sich wie Posen beim Köderfischen. Sie sind besonders nützlich beim Äschenfischen im winterlichen Fluss. Man sollte für schwierige Fälle immer ein Päckchen dabei haben.

6 Einer der schönsten Tricks beim Nymphenfischen ist der provozierte Biss. Das geht so: Man sieht eine Forelle, die eine Nymphe unter der Oberfläche betrachtet. Sie kann sich nicht entscheiden, also erledigt man das für sie. Man zupft genau dann recht vehement an der Nymphe, wenn die Forelle hinschwimmt, um sie näher zu untersuchen. Die Nymphe steigt vielleicht 15 cm nach oben und die Forelle reagiert sofort. Hups! Plötzlich spielen Sie mit dem Fisch.

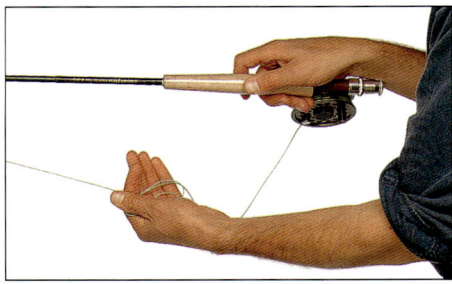

▲ **SORGFALT BEIM EINHOLEN**
Manchmal möchte man seine Imitation langsam durchs Wasser bewegen. Dann ist es wichtig, keine lose Schnur herumhängen zu lassen. Es empfiehlt sich, sie in der Handfläche aufzuwickeln.

Buzzer

Stellen Sie sich als nächstes einen See am Abend vor, nach einem recht warmen Tag. Im Lauf des Tages hat sich leichter Schaum auf dem Wasser gebildet, der jetzt dicht auf der Oberfläche liegt. Betrachten Sie das Wasser vor sich – wahrscheinlich erkennen Sie in dieser klebrigen Schicht ein paar Ausbuchtungen. Vielleicht hören Sie auch ein klares Sauggeräusch. Das sind eindeutige Anzeichen für eine Forelle, und eventuell sehen Sie, wie der Fisch mit dem Rücken die Oberfläche durchbricht, oder zumindest die Spitze von Rücken- oder Schwanzflosse. Diese Forellen fressen „Buzzer", ein allge-

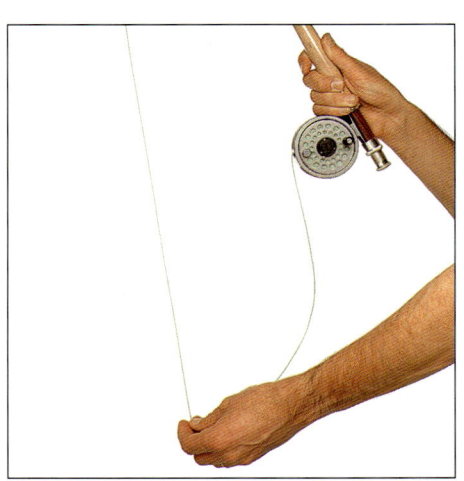

▲ **DER PROVOZIERTE BISS**
Eine Forelle folgt Ihrer Nymphe. Halten Sie an, heben Sie die Rute und ziehen Sie die Fliegenschnur mit der linken Hand nach unten. Die Nymphe steigt im Wasser, als ob sie entkommen wollte.

meiner Begriff für schlüpfende Kleinmücken. Die Zuckmückenlarven steigen vom Grund des Sees an die Oberfläche, wo sie sich aus ihren Hüllen freikämpfen. Dabei sind sie für einige Minuten völlig wehrlos und ein gefundenes Fressen für die Forellen. In diesem Moment sind die Forellen sehr leicht zu fangen.

Greifen Sie nun zu einem Buzzer aus Ihrer Fliegenbüchse. Man könnte mit einem roten mit weißen, haarigen Kopf auf Hakengröße 16 beginnen. Das Vorfach sollte aber nicht zu schwer sein: 1,3–1,8 kg Tragkraft an der Spitze sind genug, je nach Größe der Forellen im See. Es empfiehlt sich, das Vorfach bis zu 7 cm von der Fliege entfernt einzufetten. Das Nylon schwimmt und man sollte es auf Anzeichen eines Anbisses beobachten. Werfen Sie den Buzzer möglichst nah an den Ort des Geschehens. Versuchen Sie die Fliege etwa 1,2–1,5 m vor der Forelle zu platzieren. Lassen Sie alles zur Ruhe kommen und beobachten Sie die gefettete Schnur mit Adleraugen, obwohl das bei abendlichen Lichtverhältnissen schwierig werden könnte. Halten Sie alles möglichst gespannt und versuchen Sie, direkten Kontakt mit dem Buzzer zu bekommen. Nähert sich ein Fisch dem Bereich, zupfen Sie den Buzzer zu sich her, jedes Mal etwa 3–5 cm, bis die Fliege sich dem Ufer wieder bis auf 1,2–1,5 m genähert hat.

Die Bisse können wirklich sehr zaghaft sein. Man erkennt vielleicht gerade einmal, wie das Nylon des Vorfachs sich leicht nach vorn bewegt. Wenn die Forelle den Buzzer nimmt, während man ihn zurückzupft, spürt man den Anbiss mit erkennbarem Zug. Heben Sie sofort die Rutenspitze und setzen Sie den Haken.

▶ **EINE ECHTE »TEST«**
Diese schöne Regenbogenforelle wurde im Juni an einem Mayfly-Muster im River Test in England gefangen. Der Tag war bedeckt und die Eintagsfliegen schlüpften beständig aus. Perfekt!

▲ **TOLLER MORGEN**

Es ist ein schöner Tag und der See gehört mir. Wo fange ich an? Die Insel da hinten ist hübsch, aber wohl zu weit zum Werfen! Ich glaube, ich gehe zu dem Gebüsch.

Forellen ködern

Es ist Spätsommer, vielleicht am Nachmittag, und Sie sehen Forellen, die flink an der Oberfläche herumschwimmen, oft hasten vor ihnen sehr kleine Fische davon. Diese Forellen fressen mit ziemlicher Sicherheit junge und kleine Fischchen nahe der Oberfläche. Zeit für einen Köder! Wählen Sie einen aus, der einem kleinen, glitzernden Fisch ähnelt. Befestigen Sie ihn an einem schwereren Vorfach als gewöhnlich, denn die Forellen schnappen wie mit dem Hammer danach. Dann werfen Sie die Fliege so weit wie möglich in den Bereich allgemeiner Aktivität hinein. Halten Sie einige Sekunden inne, während die Fliege absinkt und holen Sie die Schnur wieder ein. Dabei bewegt die linke Hand die Fliege mit 5–15 cm kurzen und kräftigen Rucken. Sehr oft kann man die Bugwelle einer Forelle erken-

◀ **SCHNELL EINGEHOLT**

Ich fange mit einer ziemlich großen Fliege an, die hoffentlich einem kleinen Fisch gleicht. Dann muss man aber schnell einholen. Ich ziehe jedes Mal ungefähr 15 cm Schnur durch meine Finger.

▼ **WUCHTIGER BISS**

Wenn man die Fliege schnell einholt, muss die Forelle sich beeilen, um sie schnappen zu können. Das Ergebnis ist ein Biss, der wirklich die Rute durchbiegt.

▲ **IN REICHWEITE**

Der Kampf ist nach schnellen und wilden fünf Minuten fast vorbei. Ich knie mich hin, damit der Fisch mich nicht sieht und erschrickt. Außerdem kann ich ihn dann besser heranführen.

▲ **SCHNELL ENTLASSEN**

Der Fisch liegt nun im flachen Wasser zu meinen Füßen. Mit einem Handgriff ist die Arterien-klemme bereit und der widerhakenlose Haken aus dem Maul des Fischs geholt.

▶ **EIN FOTOGENER FISCH**

Weil dieser Fisch so schön ist, hebe ich ihn mit nassen Händen für ein schnelles Foto aus dem Wasser. Behandeln Sie einen Fisch sanft, Sie werden sehen, dass er kräftig davonschwimmt.

nen, die der Fliege folgt. Das ist spannend, und es lohnt sich, die Einholge-schwindigkeit eher zu erhöhen!

Machen Sie mit Ihrem ersten Köder sechs Würfe, dann wechseln Sie ihn, falls nichts mehr passiert. Weitere sechs Würfe und erneuter Wechsel, bis Sie die Fliege gefunden haben, die die Fische an dem Tag nehmen wollen. Und passen Sie beim Biss auf ... Forellen schnappen so stark zu, dass es einem kalt den Rücken herunterläuft.

Fliegenfischen mit der Nymphe

Sie befinden sich tagsüber an einem Fluss oder einem klaren Stillwasser und an der Oberfläche tut sich nichts. Aber Sie haben ja noch Ihre Polarisationsbrille, haben Zeit zur Beobachtung und wissen, wie man sich möglichst vorsichtig am Ufer bewegt. Blicken Sie auf den Grund, wahrscheinlich sehen Sie Forellen umherschwimmen. Wenn sie still stehen, fressen sie gerade nicht, bewegen sie sich aber, dann haben sie etwas zu tun. Sehen Sie noch genauer hin, dann werden Sie immer wieder ihre weißen Mäuler sehen. Man erkennt das, weil sie das Maul geöffnet haben, um etwas zu schlucken – meistens vorbeizuckende Nymphen. Daher sollte man jetzt auch eine Nymphe verwenden, um die tief unten fressenden Fische zu verführen.

Aber welche Nymphe? Aller Wahrscheinlichkeit nach schnappen die

▲ **DRAUSSEN AM FLUSS**
Nutzen Sie am Ufer jede Deckungsmöglichkeit, die sich bietet. Angeln Sie mit einer kurzen, gespannten Schnur und langsam flussaufwärts, immer auf der Suche nach Fischen. Das sichert den Erfolg.

Forellen nicht nach einer besonderen Beute, sondern suchen nur allgemein nach kleinen Lebewesen. Beginnen Sie zunächst mit einem der bewährtesten Muster aller Nymphen – der Pheasant Tail. Diese braune, beschwerte Imitation bindet man am besten an Haken in Größe 14 oder 16. Wenn man sich an einem Fluss befindet, wirft man sie etwa 1 m stromauf von der Forelle aus, die man beim Fressen beobachtet hat.

▲ **EINE KLEINE SCHÖNHEIT**
Diese wilde Bachforelle wurde in einem englischen Flachlandfluss gefangen, heute eine ziemliche Rarität. Sie mag klein sein, aber auch sehr wertvoll und schön.

▶ **HIMMLISCHER FLUSS**
Hier sehen Sie den großartigen Fluss Itchin in Hampshire, England. Sein kristallklares Wasser und die üppigen Krautbänke sorgen für einen der besten Wildbestände an Bachforellen.

Sie sollten daran denken, wie tief die Forellen stehen – wenn sie weit unten sind, benötigt die Nymphe mehr Zeit zum Sinken. Stehen sie dagegen nahe der Oberfläche, dauert es natürlich nicht so lange. Die Einschätzung von Strömung und Tiefe gelingt mit der Zeit immer perfekter. Beobachten Sie das Vorfach und die Fliegenschnur sehr genau. Wenn die Schnur anhält, Anhieb setzen, schießt sie vorwärts, ebenfalls. Es scheint wie Zauberei, wenn Sie Ihre erste mit der Nymphe gefangene Forelle landen.

▼ MAGIE DES HOCHLANDES
Spätnachmittag in den Highlands. Ein kräftiger Wind bläst Insekten vom Moor herüber. Das ist die richtige Zeit zum Ausprobieren einer Schwimmschnur, an der eine große Imitation über das Wasser hüpft – ein Muster wie die Daddy Longlegs ist ideal. Wechseln Sie alle zwei bis drei Würfe ihren Platz, bis Sie auf einen anderen Fisch treffen.

FÜR FORTGESCHRITTENE

Wir haben bisher eigentlich nur von Standardsituationen beim Fliegenfischen geredet, doch dem Fliegenfischer steht die ganze Welt offen. Hier ein paar Tipps für reisefreudige Fortgeschrittene:

1 Sie könnten es an den Kreide-Lochs Irlands mit dem Ablegen lebender Eintagsfliegen oder ihrer Imitationen versuchen – eine unglaubliche Erfahrung.

2 Sicher möchten Sie irgendwann Lachse mit der Fliege fangen. Ein spannender Augenblick, sei es an den großen Strömen Kanadas, den kleinen Flüsschen Devons oder den majestätischen Flüssen Norwegens.

3 Auch das Fischen in Kalkstein-Flüssen sollte man nicht versäumen. An den wirklich bekannten Flüssen wie dem Test in England kann man Tageskarten erwerben. Wenn Sie die Gelegenheit bekommen, greifen Sie zu. Diese Flüsse sind ein Paradies für den Forellenangler.

4 Und was ist mit Steelheads in Britisch Kolumbien? Diese anadromen Regenbogenforellen können mehr als 13,5 kg wiegen. Sie kämpfen wie der Teufel ... und das alles im schönen Land von Elch und Bär. Spektakulär!

5 An einem blinkenden schwedischen Fluss bricht die Nacht herein. Die Meerforellen werden von der Dunkelheit angelockt und sind bald aktiv. Man watet in schwarzem Schweigen, tastet sich voran und wirft bei Mondschein aus. Und plötzlich ... zack ... , Ihr Herz hört fast auf zu schlagen, so aufregend ist das.

6 Sie sind weit oben auf den schottischen Bergen und wandern durch die Heide, nur beobachtet von Rothirschen. Ihr Ziel ist ein kleines Loch oder ein winziger Bach, in dem sehr kleine wilde Bachforellen leben. Sie mögen klein sein, doch ihre Gestalt und Farbschattierungen sind jeden Schritt der 30 km weiten Wanderung wert. Ich kann es aus eigener Erfahrung bezeugen!

7 Vielleicht wollen Sie aber auch einen Grätenfisch (Bonefish) angeln, einen der am härtesten kämpfenden Fische der Welt, obwohl er nur selten mehr als 3,2 – 3,6 kg wiegt. Man findet diese wunderschönen Fische in den flachen Küstenstreifen um Inseln wie die Bahamas, Kuba oder sogar die Seychellen. Was könnte aufregender sein: tolle Landschaft, die Sonne im Rücken und eines der fesselndsten Angelerlebnisse, die man sich vorstellen kann?

KARPFEN-
ANGELN

Karpfenangeln

DIE WELT DES KARPFENANGELNS KANN SEHR TECHNISCH UND ÄUSSERST KOMPLIZIERT AUSSEHEN UND DADURCH DEN NEULING ANFANGS ABSCHRECKEN. DAS IST JEDOCH NICHT SO. IN DIESEM KAPITEL VERSUCHE ICH, EINE KURZE EINFÜHRUNG IN DAS KARPFENANGELN ZU GEBEN.

Ich kann dabei allerdings nur einige Grundlagen des Angelns auf Karpfen abdecken, da es sich um einen weit verzweigten Bereich des Angelns handelt. Seine richtigen Anfänge nahm das Karpfenangeln in Europa vor etwa 40 Jahren, seit den 70er Jahren hat es sich zu einem recht technischen Zweig des Angelsports entwickelt. Das liegt zum Teil daran, dass Karpfen schlau sind und ständig die neuen Tricks erlernen, die man bei ihnen versucht. Da Karpfen so beliebt sind, ziehen sie auch viele Angeltüftler an, die permanent mit neuen Montagen, Ködern und Methoden auftrumpfen. Die Zahl der Angelstrategien für Karpfen ist unglaublich gewachsen, und es gibt eine Fülle von Büchern dazu.

Aber keine Panik! Wenn der Karpfen tatsächlich der Fisch Ihrer Wahl ist, nur zu: Machen Sie sich mit diesen schlauen Tieren vertraut und befassen Sie sich ernsthaft mit der Materie.

Dieses Kapitel enthält einige gute Hinweise. Vielleicht sollten Sie zuerst ein paar Probestunden nehmen, ehe Sie sich mit Kopf und Portemonnaie dazu entschließen, eine der möglicherweise anstrengendsten Lehrzeiten zu beginnen.

Die Frage der Karpfen-Ausrüstung ist ziemlich strittig, daher rate ich, die ersten paar Monate größere Ausgaben zu vermeiden, bis Sie sicher sind, dass das Karpfenangeln wirklich etwas für Sie ist. Man kann einen Karpfen durchaus auch fangen, ohne bis an die Zähne ausgerüstet zu sein. Ich würde eine durchschnittliche Rute empfehlen – etwa 3,3 m lang und mit einer Testkurve bis zu 900 g. Sie werden feststellen, dass so

eine Rute sich auch zum Hechtangeln oder leichten Meerangeln eignet; also haben Sie, selbst wenn das Karpfenangeln doch nichts für Sie ist, das Geld nicht umsonst ausgegeben. Auch eine normale Stationärrolle findet hier Verwendung, doch sparen Sie unter keinen Umständen bei Schnur oder Haken! Jede Schwäche bei diesen wichtigen Bestandteilen könnte zu einem Verlust des Fischs führen. Das ist schon schlimm für Sie, aber sehr gefährlich für den Karpfen.

▶ **IM HINTERHALT**

An vielbefischten Karpfengewässern scheuen die Fische nicht nur vor Anglern, sondern sogar vor ihren Ruten. Der Aufbau dieses ausgeklügelten Arrangements nahm einige Stunden in Anspruch, hatte aber die gewünschte Wirkung, Ruten und dahinter sitzende Angler zu verbergen.

DAS ABC DES KARPFENANGLERS

ABZUG – ein Karpfenanbiss. Karpfen rasen erst einmal mit dem Köder davon.

BOILIES – die Ködersensation der 80er Jahre, auch im 21. Jahrhundert noch ein Hit. Runde, murmelgroße Köder mit harter Kruste, die von kleineren Fischen nicht gefressen werden. Ein Boilie besteht in seiner Grundmischung aus Fischmehl, Eiern, Geschmacksstoffen, Süßungsmitteln und Farben. Die Mischung wird in Form gebracht und gekocht, bis sich eine Kruste gebildet hat. Aber keine Sorge, man kann auch Fertig-Boilies kaufen.

FLUCHTMONTAGE – sie besteht aus einem schweren Blei in der Nähe des Hakens. Sobald der Karpfen das Gewicht des Bleis spürt und mit dem Köder flüchten will, hakt er sich selbst.

HAARMONTAGE (HAIR RIG) – man hat erkannt, dass sich Karpfen leichter haken lassen, wenn der Köder nicht am Haken selbst hängt. Dafür befestigt man eine dünne Schnur oder einen Faden am Haken und bindet dann (normalerweise) einen Boilie an dieses „Haar", statt direkt an den Haken.

SCHIRMZELT – ein stabiles Zelt in Tarnfarbe, das für lange Aufenthalte beim Karpfenangeln unabdingbar ist. Es enthält in der Regel einen Schlafsack, Kocher, Handy und manchmal sogar einen kleinen Fernseher!

MONTAGE (RIG) – allgemeine Bezeichnung für das entscheidende Ende des Karpfenge-

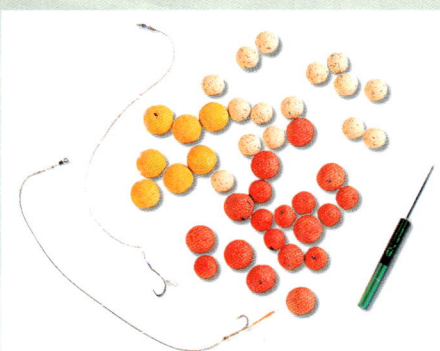

Die wichtigsten Werkzeuge des Karpfenanglers: Eine Hand voll Boilies, Hair Rigs und eine Ködernadel

räts – Haken, Vorfach, Blei und so weiter. Karpfenmontagen werden dauernd weiterentwickelt, und viele Geschäfte bieten eine große Zubehörvielfalt für das Rig Ihrer Wahl an.

SCHWIMMKÖDER – Schwimmköder sind einfach Köder, die schwimmen – Brotkrusten, Hundekekse und so weiter.

SEITENHAKEN – das Gegenteil vom Angeln mit Haarmontage. Hier wird der Boilie nämlich auf den Haken gespießt, aber mit gut sichtbarer Hakenspitze.

SPOD – ein großer, mit Boilies gefüllter Futterkorb aus Plastik, der an einer starken Rute und Schnur befestigt wird und dann weit hinaus ins Fanggebiet geworfen wird. Eine schlaue Methode des Anfütterns.

STRINGER – der Stringer ist eine wasserlösliche Schnur aus PVA, die man am Haken befestigt. Man zieht mehrere Boilies auf diese Schnur und wirft die gesamte Montage aus. Die PVA-Schnur löst sich im Wasser schnell auf und lässt die Boilies neben dem Hakenköder schwimmen. PVA-Säcke zum Anfüttern größerer Mengen von Boilies sind auch im Handel erhältlich.

WURFROHR – mit diesem Gerät lassen sich Boilies auf große Entfernung auswerfen. Man kann zwar auch eine Futterschleuder verwenden, trifft damit aber nicht so genau.

Karpfen-Angelzubehör

Die Frage des Zubehörs muss man für sich selbst entscheiden, man sollte aber nie vergessen, dass es in keinem anderen Angelzweig, nicht einmal fürs Fliegenfischen, so viel Utensilien gibt – manches davon völlig nutzlos – wie beim Karpfenangeln! Ja, man benötigt Bleie, Perlen, Wirbel und all das, aber ob man seine Unkosten durch Schirmzelte oder elektronische Bissanzeiger in die Höhe treiben sollte, ist zu bezweifeln. Ich würde es erst einmal mit einfachem Karpfenangeln versuchen und abwarten, ob es Spaß macht. Wenn alles nach Plan läuft, kann man immer noch mehr investieren.

Vor allem will man ja Karpfen fangen, aber lassen Sie sich nicht von deren Ruf als die Super-Spürnasen des Süßwassers abschrecken. Karpfen sind schlau und lernen schnell, das heißt aber nicht, dass man sie nicht fangen kann. Sie sollten nur darauf achten, ihre Lehrzeit an einem leichteren Gewässer zu beginnen. Es hat keinen Sinn, an einen riesigen Baggersee zu gehen, der dünn mit Monstern bestückt ist, denn dort werden Sie

▼ **UNWIDERSTEHLICH**

Zuerst schleudert man Hanfsamen aus, um die Karpfen anzulocken, danach wirft man noch einige Boilies und schließlich ein Boilie an der Hair Rig. Jetzt muss nur noch ein Fisch anbeißen ...

▲ **DEM WIND FOLGEN**

Ich angle hier bei Wind und Regen an einem kleinen See. Die Brise hat alle Fische zum Ufer getrieben und auf dem Wasser herrscht Wellengang. Kein großer Fisch, aber mir genügt's.

MONTAGEN (RIGS)

1 Lassen Sie sich nicht dazu verleiten, zu komplizierte Montagen zu knüpfen.

2 Versuchen Sie stets zu verstehen, warum eine bestimmte Montage Erfolg hat, und wozu sie gedacht ist. Wählen Sie ein Rig nicht, weil Herr Sowieso gesagt hat, dass es funktioniert – probieren Sie es selbst aus.

3 Komplexere Montagen sollte man zu Hause knüpfen, statt im Dunkeln an einem windigen, nassen Ufer.

4 Stellen Sie sicher, dass der Karpfen durch die Montage nicht verletzt werden kann, wenn etwas schief läuft und er flüchtet.

5 Wenn Sie ein Rig gefunden haben, das funktioniert und Ihnen zusagt, bleiben Sie dabei. Es ist sinnlos, die Montage zu wechseln, außer die Umstände erfordern es oder die Fangrate nimmt ernsthaft ab.

einfach nichts fangen. Suchen Sie sich eher ein kleineres Gewässer, in dem die Fische gut sichtbar und in größerer Anzahl versammelt sind. Das bedeutet wahrscheinlich, dass Sie an ein eigens dafür angelegtes Angelgewässer gehen müsssen. Fragen Sie bei Ihrem Angelverein! Diese Gewässer sind landschaftlich vielleicht nicht besonders großartig, doch wen stört das anfangs schon, wenn er dabei Fische fängt?

Wichtig ist, dass man an einem kleinen, dicht besetzten See mit der Zeit lernt, die Zeichen für fressende und umherschwimmende Karpfen zu deuten, und auch das Karpfenverhalten im Allgemeinen versteht. Das ist ein wichtiger Teil Ihrer Lehrzeit. Sie werden bald erkennen, wie sie den Schlamm aufwühlen, Blasen nach oben schicken, Schilfgürtel schütteln und all die anderen „Karpfendinge" tun, deren Kenntnis Ihnen später oft helfen wird.

Die gebräuchlichste Methode zum Karpfenangeln ist das Angeln mit einem schweren Blei auf Grund. Diese Fluchtmontage wird mit einem kurzen Vorfach

▲ **AM BODEN FRESSEN**
Wenn Karpfen Appetit haben, driften sie oft auf den Seeboden und beginnen, ihn abzugrasen. Sehen Sie, wie die Lippen des Karpfens sich bereits aufstülpen ... vielleicht hat er Fressen gerochen.

an das mit einem Hair Rig montierten Boilie gebunden. Das klingt kompliziert, aber das Prinzip selbst ist ziemlich einfach, außerdem kann man heute Haken mit festmontierten Boilies kaufen.

Wählen Sie den Futterplatz sorgfältig aus und füttern Sie gut mit einigen Boilies an. Lassen Sie sich dabei Zeit und schleudern Sie vielleicht im Halbminuten- oder Minutentakt einen nach dem anderen hinaus. Wenn man zu viele Boilies auf einmal hineinwirft, schwimmen die Fische zu einer anderen Stelle des Sees davor. Bei Ihren ersten Ausflügen verwenden Sie wahrscheinlich einen recht einfachen Pilot-Bissanzeiger, und das genügt. Sie sind auf dem richtigen Weg. Viele Leute lassen das alles sehr kompliziert erscheinen, Sie werden aber bald merken, dass das eigentlich nicht stimmt.

◄ **GRÖSSE IST NICHT ALLES**
Wie schon gesagt, nur ein Kleiner, aber das tut meiner Freude keinen Abbruch. Karpfen sind große Kämpfer, selbst dieser Winzling hat meine ganze Aufmerksamkeit erfordert.

Behutsamer Umgang

Karpfen werden recht alt und wachsen zu beachtlicher Größe heran, deswegen sollte man sie wirklich mit Sorgfalt und Achtung behandeln. Das bedeutet, den Fisch nur mit nassen Händen anzufassen, den Haken zu entfernen, während der Fisch sich noch im Wasser befindet oder behutsam auf eine spezielle Matte gelegt wurde, und ihn nur kurz außerhalb des Wassers zu halten.

Jeder stolze Angler möchte seinen Fang gerne wiegen und fotografieren. Mit ein wenig Vorausschau lässt sich der Schock für den Karpfen dabei auf dem absoluten Minimum halten. Ein Sack mit glatter Oberfläche – besser als ein Setzkescher! – kann zur Aufbewahrung des Fischs im Wasser verwendet werden, bis man so weit ist.

▶ **LOS GEHT'S**

Alles ist bereit, und der große Fisch wird mitsamt dem Sack aus dem Wasser gehoben. Achten Sie darauf, dass Sie den Fisch jetzt nicht am Ufer oder Boden aufschlagen lassen.

◀ **FERTIG**

Ein großer Karpfen wurde gefangen und erholt sich jetzt im Sack, im Wasser liegend. Mike befestigt die Waage an einer nassen Wiegetasche, um die Zeit, die der Karpfen außerhalb des Wassers verbringt, auf ein absolutes Minimum zu reduzieren.

▽ **VORFREUDE**

Der Karpfen liegt auf einer Abhakmatte, die speziell zu diesem Zweck entwickelt wurde. Wenn man einen Fisch auf hartem Sand oder steinigem Ufer umherspringen lässt, nimmt er Schaden.

▽ **DER MOMENT DER WAHRHEIT**

Der Fisch wurde aus dem Sack genommen und in die Wiegetasche gelegt. Mike hebt Fisch und Wiegetasche sanft mit der Waage hoch und liest das Gewicht ab – gut 10,5 kg.

◄ ETWAS WISSENSCHAFT

Mike hat eine moderne Karpfenzucht und muss stets darüber Bescheid wissen, ob es in seinem Bestand gesundheitliche Probleme gibt. Deshalb misst er einen Karpfen, den er schon einmal gesehen hatte, um seine Entwicklung zu verfolgen.

▲ VERARZTEN

Karpfen werden sehr alt, ein Fisch wie dieser lebt vielleicht noch 30 Jahre, wenn er gut versorgt wird. Hier werden kleine Wunden im Maul – möglicherweise durch Haken verursacht – mit wasserfestem Desinfektionsmittel behandelt.

▲ EIN BILD FÜRS ALBUM

Beachten Sie auch hier, wie der Angler den Fisch hält! Der Karpfen wird nur bei Brust- und Afterflossen gehalten. Wichtige innere Organe im Bauch sind keinerlei Druck ausgesetzt.

▶ ... UND TSCHÜSS

Ich habe die gesamte Prozedur des Wiegens, Messens, Verarztens und Fotografierens gestoppt ... es dauerte genau eine Minute und 45 Sekunden! Fast wie ein Reifenwechsel bei der Formel Eins, oder?

Angeln mit Schwimmköder

Vergessen Sie nicht, das Angeln mit Boilies gehört nicht gerade zu den aufregendsten Angelmethoden – besonders wenn der Köder bereits seit 36 Stunden unangetastet draußen herumtreibt. Man könnte mehr Spaß haben! Meiner Ansicht nach ist das Angeln mit Schwimmködern durch nichts zu überbieten. Dafür braucht man entweder große Stücke Brotrinde von einem frischen, ungeschnittenen Laib Brot oder Hundekekse einer üblichen Marke. Bevor Sie aufbrechen, gießen Sie zum Aufweichen kochendes Wasser darüber und aromatisieren Sie sie mit einem flüssigen Lockstoff. Es liegt bei Ihnen, aber übertreiben Sie weder das Kochen noch das Aroma.

Stellen Sie sich mit dem Rücken zum Wind und katapultieren Sie eine Hand voll Kekse, etwa sechs bis zehn auf einmal, hinaus. Beobachten Sie, wie der Wind sie den See hinabträgt. In jedem fischreichen Gewässer zeigen sich bald Wirbel, Bugwellen und sogar

Köpfe und Lippen, während die Kekse verschlungen werden. Es lohnt sich, ein wenig zu warten, damit die Karpfen mutiger werden und der Keksspur immer weiter in Ihre Nähe folgen. Das bedeutet, dass Sie eine bessere Kontrolle über die Schnur bekommen.

Eine Pose erhöht das Gewicht beim Wurf und erleichtert die Schnurkorrek-

▲ **GOLDENE OLDIES**

Karpfen fressen gern von der Oberfläche und wurden früher mit Brotrinde gefangen. Diese Fische hier beweisen den Erfolg der Methode.

▼ **DER SPANNENDE MOMENT**

Bestimmte Hundekekse gehören zu den beliebtesten modernen Schwimmködern für Karpfen. Dieser Fisch hat den Köder gesehen und gerochen und kommt nach oben, um danach zu schnappen.

tur, wenn sie vom Wind abgetrieben wird. Sie signalisiert auf weite Entfernung auch dann einen Biss, wenn Sie nicht sicher sein können, ob der verschluckte Hundekeks wirklich an Ihrem Haken hing. An manchen Seen ist das Angeln mit Schwimmködern ebenso wirksam wie der Boilie oder eine Haarmontage auf Grund und macht natürlich viel mehr Spaß.

Es ist auch spannend, mit einer Pose über einem Teppich aus Kleinködern wie Mais, Maden, Castern und Hanfsamen zu angeln. Suchen Sie den Futterplatz sorgfältig aus, möglicherweise unter überhängenden Ästen, bei Schilfgürteln oder überall dort, wo Sie Zeichen von Karpfen entdeckt haben. Sie werden bald beobachten, wie Karpfen in dem angefütterten Bereich zu fressen beginnen. Vielleicht trübt sich das Wasser, oder Sie sichten Luftblasen. Die Pose wird umherwackeln und sich aufrichten, während unter ihr große Körper das Wasser in Bewegung halten. Das ist wirklich aufregend und Sie werden richtig angespannt sein, wenn der Schwimmer über die Oberfläche gleitet und vom schlammigen Wasser verschluckt wird.

▲ **POSEN HABEN IHREN PLATZ**
Das Angeln auf Karpfen erfolgt heute meist am Grund, mit Bleien, Fluchtmontagen und so weiter. Aber die Pose hat auch noch ihren Platz und kann einem helfen, den Köder exakt zu präsentieren.

▼ **KARPFEN FÜTTERN**
Fische lassen sich von den unterschiedlichsten Lebensmitteln anlocken. Diese auffällig gefärbten und gewürzter Pellets sind besonders beliebt.

PSYCHOLOGIE

1 Lassen Sie sich von der geheimnistuerischen Welt des Karpfenangelns nicht einschüchtern. Sie werden bald einige sympathische Leute treffen!

2 Haben Sie keine Angst, etwas anderes auszuprobieren. Häufig ist etwas Neues genau das Richtige. Denken Sie daran, dass viele Karpfenangler mit der Zeit Scheuklappen bekommen.

3 Werden Sie nur dann zum Köder-Spezialisten, wenn Sie das auch wollen. Fertig-Boilies, Brotflocken und Würmer fangen viele Fische, und Sie verbringen nicht die Hälfte Ihres Lebens beim Zusammenstellen von Rezepten in der Küche.

4 Versteifen Sie sich nicht auf große Fische. Freuen Sie sich über jeden Fang, dann kommen die großen Fische mit der Zeit von selbst.

5 Wenn Sie eine Leidenschaft für Karpfen entwickeln, sollten Sie nicht blind für die Vorzüge anderer Fische werden und für die Angler, die sie fangen. Wenn Sie, wie viele Karpfenangler, anfangen, andere Fische wie Rotauge, Schleie und Hecht zu verschmähen, sind am Ende Sie der Verlierer.

DER WEG ZUM PROFI

Angenommen, das Karpfenangeln ist etwas für Sie, Sie haben bei den ersten Ausflügen einige Fische gefangen und festgestellt, dass Ihnen diese Angelmethode zusagt. Wie kann es jetzt weitergehen?

1 Werden Sie Mitglied einer Gruppe von Karpfenanglern. So bekommen Sie Kontakt zu Gleichgesinnten in Ihrer Gegend und haben die Möglichkeit, an Treffen, Seminaren und so weiter teilzunehmen. Dort gibt es sicher auch einige nützliche Zeitschriften.

2 Kaufen Sie sich auch eine der Karpfen-Zeitschriften. Sie sind wirklich eine Quelle wertvoller Hinweise zum Thema Rigs, Köder, Gewässer und vielem mehr.

3 Es gibt im Handel auch eine Reihe Karpfenangel-Videos zu kaufen. Sie bieten eine Menge praktischer Tipps.

4 Wenn Sie sich schon so weit vorgewagt haben, ziehen Sie sicherlich einen längeren Aufenthalt an einem Gewässer in Betracht. Beginnen Sie zunächst mit einem 24-stündigen Ausflug, danach erweitern Sie auf ein ganzes Wochenende. Planen Sie aber bitte keine ganze Woche ein, bevor Sie etwas mehr Erfahrung haben.

5 Bei Ihrem ersten Zelt-Aufenthalt sollte möglichst schönes Wetter sein. Nichts ist unangenehmer als nächtliche Graupelschauer im November.

6 Die erste Grundausrüstung zum Karpfenangeln kann auch aus zweiter Hand stammen. In den Karpfen-Zeitschriften findet man viele Anzeigen, und gewöhnlich sind die Geräte in gutem Zustand: Die Angler bringen ihr Gerät nämlich gern auf den neuesten Stand!

Herausforderung

Das hier ist ein riesiger See in Zentralspanien mit einer großen Population enormer Fische. Das Problem ist, die Fische zu lokalisieren und dann genug Köder hinauszubefördern, sodass sie innehalten, aus dem Mittwasser-Bereich herauskommen und anfangen zu fressen. Das ist gewöhnlich die schwierigste Herausforderung bei großen Seen.

▼ **HINAUS DAMIT**
Die zuverlässigste Methode zum Ausbringen von Boilies im Wasser ist, hinauszurudern und sie seitlich vom Boot auszustreuen.

▲ **EIN BINNENMEER**
In manchen riesigen Gewässern kann das Aufspüren der Fische zum Hauptproblem werden. Doch sie schwimmen recht viel umher, wenn man genug Köder auswirft, stehen die Chancen gut.

▲ **FUTTERPLATZ MARKIEREN**
Das Problem besteht eher darin, sich zu merken, wo man den Köder ausgebracht hat! Werfen Sie eine solche Schwimmboje an der Stelle aus dem Boot, wo Sie angefüttert haben. So erkennen Sie vom Ufer aus genau, wohin beim Wurf gezielt werden muss.

▼ **ZUSATZATTRAKTION**
Hier sind einige Boilies auf einen PVA-Stringer gefädelt. Das Material löst sich bei Kontakt mit Wasser recht schnell auf. Sobald alles am Seeboden angekommen ist, zerfällt der Stringer und alles sieht natürlich aus.

▶ **EINE ORDENTLICHE MONTAGE**
Die meisten Rigs brauchen nicht kompliziert zu sein, dies hier ist eine gute, ordentliche Standard-Montage. Man hat ein feststehendes Blei, ein kurzes geflochtenes Vorfach und einen einfachen am Hair Rig montierten Boilie.

▲ **BOILIES IM SÄCKCHEN**
Eine weitere Möglichkeit zum Ausbringen von Grundfutter zusammen mit dem Hakenköder ist ein PVA-Säckchen. Sobald es auf Grund schlägt, löst es sich auf, und die Boilies fallen heraus.

▶ **LANGER WURF**
Wenn man sehr weit auswirft, sollte man die Rute direkt über den Kopf halten und den Wurf auf die Markierungsboje zielen.

▲ **VORBEUGEN**
Einen sehr großen Fisch über eine lange Distanz einzuholen, kann problematisch werden. Es ist in der Regel sicherer, mit dem Boot hinauszufahren.

▶ **ERFOLG**
Dieser herrliche Karpfen ist ein gutes Beispiel dafür, was man fangen kann, wenn man genug Zeit und Mühe in dieser Disziplin aufwendet.

MEERES-
ANGELN

Meeresangeln

IN EINEM EINFÜHRENDEN BUCH ÜBER DAS ANGELN HAT MAN LEIDER KAUM DEN PLATZ, UM DETAILLIERT ÜBER KÜSTEN- UND BOOTSANGELEI ZU SCHREIBEN. ICH WERDE TROTZDEM EINIGE MÖGLICHKEITEN DES MEERESANGELNS VORSTELLEN, BEI DENEN SIE GERÄT VERWENDEN KÖNNEN, ÜBER DAS ICH SCHON GESPROCHEN HABE.

▲ **FRISCH AUS DER BRANDUNG**
Hier liegt ein hübscher Wolfsbarsch neben dem Wobbler, der ihn zur Strecke brachte. Barsche wie dieser, mit einem Gewicht von etwa 2,2 kg, haben ein recht opportunistisches Fressverhalten und kämmen die Küstengewässer nach Würmern, Krabben und Kleinfischen jeder Art durch. Deshalb funktionieren Wobbler und Spinnköder sehr gut.

Mit Ihrer ganz normalen Posen-Angelausrüstung oder der Karpfen- und Hechtausrüstung können Sie schon ziemlich viel Spaß beim Meeresangeln haben, besonders auf Barsche, Meeräschen, Platt- und Lippfische. Findet man Gefallen an diesem Angelstil, kann man das Ganze immer noch vertiefen und die nötigen Geräte kaufen. Wenn Sie mit dem Boot hinausfahren, wird die Crew sich auch um Sie kümmern und Ihnen schnell die Grundlagen der Meeresangelei beibringen.

Beim Angeln im Meer gibt es kaum etwas Aufregenderes als das Fischen auf Barsche. Man findet sie an den Küsten fast der gesamten nördlichen Hemisphäre und kann sie in und nahe bei Häfen, Pieren und Anlegestellen antreffen.

Barsche kommen im Frühling und Frühsommer an die Küste und kehren im Spätherbst in wärmere Gewässer zurück. Falls der Frühwinter besonders mild ist, bleiben auch hin und wieder einige da.

Spinnfischen auf Barsche

Barsche sind in erster Linie Raubfische, die sich von kleinen Fischen ernähren, aber auch von Meereswürmern. Es ist daher sinnvoll, sie entweder mit Natur- oder Spinnködern zu verfolgen.

Spinnfischen ist eine aktive und erlebnisreiche Art des Angelns. Suchen Sie als Köder etwas Silbernes aus, das etwa 7–10 cm lang ist.

Man sollte nur wenig bei sich tragen und versuchen, möglichst weit am Strand entlang zu wandern. Machen Sie sich nicht zu viele Gedanken über weite Würfe, denn Barsche halten sich beim Fressen oft in der Brandung auf. Wenn das Meer sehr ruhig ist, kann man Barsche sehen, die Jungfische im Oberflächenwasser jagen – versuchen Sie es genau dort. Suchen Sie auch nach Seevögeln, die kleine Fische aus der Luft angreifen; Sie können sicher sein, dass auch die Barsche dort unterwegs sind und von unten attackieren.

▲ DIE OBERFLÄCHE BEOBACHTEN

Das Meer ist weit und man braucht ein oder zwei Anhaltspunkte, wenn man Fische wie den Barsch fangen will. Vielleicht kennen Sie eine Stelle, an der ein Wrack liegt oder etwas Schutt von Gebäudeüberresten. Oder Sie finden eine Rinne, ein Riff, irgendetwas, das Futter anzieht und somit auch Barschschwärme. Manchmal sieht man einfach nur kleine Fische durch die Oberfläche schießen, die von den flinken Räubern nach oben gejagt worden sind.

◄ EIN SCHNELLER WURF

Wenn man die leiseste Bewegung sieht, sollte man schnell auswerfen, denn im Meer neigen alle Fische zu schnellen, flüssigen Bewegungen. Sind Sie zu spät dran, verpassen Sie unter Umständen den Schwarm. Wenn Sie ziellos aufs Meer werfen, können Sie genau so gut den Strand entlang werfen …

Angeln mit leichtem Gerät

Man kann im Übrigen auch am Grund mit einer kräftigen Karpfenausrüstung und einigen Regenwürmern an einem 2er Haken nach Barschen angeln.

Auch hier gilt, sehr schwere Gewichte und weite Würfe sind nicht so wichtig, besonders wenn man morgens oder abends unterwegs ist und das Meer vergleichsweise ruhig ist. Noch einmal, man findet die Barsche dort auf Nahrungssuche, wo die Wellen den Sand aufwühlen.

Schwere Gewichte können manchmal sogar von Nachteil sein, wohingegen ein leichtes Blei ein Entlangdriften der Köderwürmer mit der Tide erlaubt und man so mehr Grund abdecken kann. Sicherlich trifft man auf kleine Störungen wie umhertreibende Algen und Krabben, aber dennoch, das Gefühl eines springenden Barschs an recht leichtem Gerät wird Ihnen mit Sicherheit gefallen.

Meeräschen wandern wie der Barsch in den wärmeren Monaten nordwärts

▲ **DEN SEITENARM HINAUF**
Kleine Mündungsgewässer und Seitenarme wie dieser ziehen regelmäßig die verschiedensten Fische an, besonders im Sommer. Man kann Barsch, Meerforelle oder die wandernde Meeräsche finden. Die richtige Zeit zum Angeln ist oft die Flut.

▼ **SICHER IM HAFEN**
Häfen ziehen ebenfalls viele Fische an – suchen Sie hier nach Meeräschen und Aalen und in den offeneren Bereichen draußen auch nach Lippfischen, Barschen und Meerforellen. Hier trifft man auch die Seeleute, die bereit sind, einen mit aufs Meer hinauszunehmen.

▲ **GROSSE, WEITE WELT**
Hier fische ich in Westgrönland zwischen Eisschollen nach Heilbutt. Dabei lässt man einfach einen riesigen Pilker – eigentlich eine Metallstange mit Haken – gut hundert Meter in Richtung Grund hinab, wo die großen Fische leben.

und erreichen die Südküste Englands gewöhnlich irgendwann zwischen Mai und Juni, von wo sie weiter nach Norden, Osten und Westen schwärmen. Eigentlich findet man Meeräschen ab dem Frühsommer in den meisten Mündungsgebieten und Häfen.

Meeräschen leben und wandern in großen Schwärmen, die oft Hunderte von Tieren umfassen. Sie ernähren sich von Kleinstlebewesen im Schlamm, man sieht sie oft mit den Lippen am schleimigen Grund von Mündungs-

◄ **BEUTE DES MEERES**
Ich war beim Pilken leider nicht sehr erfolgreich (meine Rolle blockierte!), aber das hier waren die Fische, die ich fangen wollte – Heilbutt im Bereich von 4,5 kg und mehr – es gibt kaum ein Größenlimit bei diesen Fischen.

gebieten entlang fahren. Das bringt manchmal Schwierigkeiten bei der Köderpräsentation ... , es gibt einfach keine Haken, die klein genug wären, um die winzigen Nahrungspartikel aufzuspießen, von denen sich Meeräschen ernähren.

Doch nicht verzweifeln! Meeräschen erkennen auch schnell andere Nahrung, besonders, wenn sie sich lange genug in der Nähe von Menschen aufgehalten haben. Deswegen erweisen sich Häfen häufig als ausgezeichnete Stellen für den Meeräschenfang.

Hier lässt sich die Posenangel einsetzen. Eine 1,8–2,2 kg schwere Schnur mit einer Brotflocke am 8er Haken kann unter diesen Umständen unwiderstehlich wirken.

Beim Angeln von Meeräschen in einem ostenglischen Hafen war ich damit einmal sehr erfolgreich. Es gab eine Konservenfabrik in der Nähe, die Erbsen- und Karottenabfälle ins Wasser entsorgte. Raten Sie mal, welchen Köder ich dort mit großem Erfolg eingesetzt habe!

▲ **WATTWURM SATT**
Ein Eimer voller Wattwürmer, die bei Ebbe aus dem Sand gegraben wurden. Man kann Wattwürmer auch vom Händler kaufen – ein idealer Köder für Plattfisch, Wolfsbarsch und eigentlich jeden umherschwimmenden Salzwasserfisch –, oder man kann natürlich auch selbst graben. Das ist aber harte Arbeit …

Fischen in Flussmündungen

Meeräschen in offenen Mündungsarmen sind schwieriger zu fangen. Es zahlt sich oft aus, mit kleinen silbernen Löffeln nach ihnen zu blinkern oder kleine Seeringelwürmer an einem 10er Haken mit kleinem Blei zu verwenden. Suchen Sie bei Flut nach sicheren Zeichen für Meeräschen, Sie werden die Fische häufig in kaum 15 cm tiefem Wasser sehen. Das macht die Sache wirklich spannend. Wenn man eine Bucht gefunden hat, die Meeräschen anlockt, kann man sogar etwas Grundfutter ausbringen. Platziert man zerdrücktes Brot im Schlamm, finden es die Meeräschen, sobald das Wasser darüber spült. Dann brauchen Sie nur noch Brot am Haken und eine Pose als Bissanzeiger zu verwenden. Machen Sie sich auf etwas gefasst!

Es gibt wohl keine aufregendere Art, sein Süßwassergerät bei Meeresfischen anzuwenden, als bei der Jagd auf Lippfische zwischen Felsen. Lippfische wagen sich selten weit aus den Felsgebilden hervor, wo sie leben und fressen. Sie sind farbenprächtige und hartkämpfende Fische, die Wattwürmer, Seeringelwürmer, kleine weiche Krabben und selbst kleinere Spinnköder nehmen. Man wirft die Köder ins Mittwasser aus und lässt sie mit der Strömung umhertreiben. Die Bisse sind sehr energisch, aber achten Sie darauf, den Lippfisch von seinem felsigen Unterstand fern zu halten. Und Vorsicht bei Felsen, sie können sehr schlüpfrig sein, besonders wenn sie während der Flut von Wasser und schleimigen, grünen Algen bedeckt waren. Es ist auf jeden Fall empfehlenswert, eine Schwimmweste zu tragen und zu zweit oder zu dritt zu fischen. Gehen Sie kein Risiko ein – nicht einmal für einen Lippfisch!

Ich habe einige der schönsten Tage an der Küste verbracht. Die Morgendämmerung ist meine Lieblingszeit. Dann ist die Welt absolut still, eine frühe Flut bewegt sich langsam durch die Marschen und bringt die unterschiedlichsten Fische auf Nahrungssuche mit. Sie gehen nach Hause, wenn die ersten Badegäste kommen … und Ihr Tag ist schon perfekt.

▲ **MEERÄSCHEN FANGEN**
Kein Salzwasserfisch eignet sich besser für Süßwasserfangmethoden als die Meeräsche. Diese Montage wäre auch im Oberlauf eines Flusses angebracht, doch in einem salzigen Mündungsarm wie hier arbeiten eine leichte Pose und ein Stück Brotrinde auch gut.

▶ **MARSCHEN**
Marschen können faszinierende Angelreviere sein. Man hat hier immer die Chance, Meeräschen, Wolfsbarsche, Meerforellen und Aale zu fangen, kann aber auch oft Überraschungen erleben. Sie werden beispielsweise feststellen, dass sogar Hechte und Flussbarsche in einer salzigen Umgebung leben können.

SPUREN DER MEERÄSCHE

Meeräschen sind normalerweise sehr schwer zu fangen, weil sie sich von Kleinstorganismen im Schlamm ernähren. Sie kratzen mit ihrer harten Oberlippe am Schlamm entlang, um diese aufzusaugen. Man findet solche Spuren häufig an Küstenabschnitten mit weichem Untergrund, wo sie bei der letzten Flut unterwegs waren. Wenn die Flut zurückkehrt, sollte man dort nach ihnen suchen. Als Anfangsköder kann man es vielleicht mit Brot versuchen.

Besonderheiten am Meer

Wenn man am Meer angelt, sollte man noch verschiedene Dinge berücksichtigen, insbesondere die Gezeiten. Es geschieht sehr leicht, dass man auf einer Sandinsel durch einströmendes Wasser vom Land abgeschnitten wird. Behalten Sie den Wasserstand stets genau im Blick. Bevor Sie hinausgehen, sollten Sie jedes Mal die Gezeitentabellen und/oder Einheimische zu Rate ziehen. Ich habe bereits erwähnt, dass Felsen und Klippen besonders gefährlich sein können. Vor allem nach Regen oder wenn das Wasser zurückgegangen ist, sind Felsoberflächen schlüpfrig. Die Flut kann Sie auf einem Felsvorsprung überraschen, es sei denn, Sie haben vorher eine Fluchtroute ausgetüftelt. Überlassen Sie nichts dem Zufall.

Bei den herrschenden Preisen für Watt- und Ringelwürmer wundert es nicht, dass viele Angler selbst im Sand nach Ködern graben. Aber behalten Sie immer die Gezeiten im Auge, denn jedes Jahr werden Leute beim Graben von der Flut überrascht. Stellen Sie auch fest, ob die örtlichen Bestimmungen das Graben überhaupt gestatten. Es gibt viele Stellen, wo es verboten ist. Graben Sie niemals in Vogelschutzgebieten oder anderen geschützten Bereichen. Es ist wichtig, dass Angler ihren guten Ruf wahren und ein gutes Verhältnis zur örtlichen Bevölkerung haben.

Nachdem man die Ausrüstung am Meer benutzt hat, sollte man sie stets besonders gründlich reinigen. Das Salz kann Ringe, Rollen und andere Metallteile der Ausrüstung angreifen. Es ist oft das Beste, das Salz von Rollen und Rollenhalter mit einem Schlauch abzuspritzen.

HARTE ARBEIT

Ein professioneller Würmergräber bei der Arbeit. Um seine Bestellungen zu erfüllen, muss er in einem Zeitraum von vier bis fünf Stunden wahrscheinlich mehr als tausend Würmer ausgraben. Da bleibt nicht viel Zeit.

▶ **ABWECHSLUNGSREICHE KÜSTE**
So ein Ausblick gefällt jedem Meeresangler. Die Klippen bieten Platz für vielfältige Fangmethoden, und der von der Brandung geformte Strand erlaubt im Sommer den Fang von Barschen, im Winter von Kabeljau.

Wenn Sie im Meer Spinner verwendet haben, sollten Sie diese getrennt von den Süßwasser-Ködern aufbewahren. Auch wenn Sie glauben alles gut mit Süßwasser abgewaschen zu haben, könnten sich doch einige Salzspuren daran befinden und dann Ihre ganze Sammlung verderben.

Wenn man Küstenangelei betreibt, braucht man auf jeden Fall Watstiefel. Wenn man es sich leisten kann, sind Wathosen jedoch die bessere Lösung. Aber auch wenn man Wathosen trägt, sollte man immer aufpassen, wo man hintritt. Es gibt verborgene Gräben und Senklöcher, also ist bei jedem Schritt größte Vorsicht geboten.

Vom Boot aus

Vielleicht entschließen Sie sich auch, mit einem Seemann auf seinem hochseetüchtigem Boot hinauszufahren. Das kann sehr viel Spaß machen, es sei denn, Sie gehören zu den bedauernswerten Menschen, die seekrank werden. Mein Tipp: ein moderates, gut durchdachtes Frühstück zu sich zu nehmen. Darüber lässt sich streiten, doch Vorsicht ist die Mutter der Porzellankiste. Ich nehme dann auch zur Sicherheit ein paar Tabletten gegen Seekrankheit. Auch hier gilt, vorbeugen ist besser als heilen … Seekrankheit ist sowieso nicht heilbar – wenn Sie es einmal haben, war's das! Druckbänder für die Handgelenke helfen angeblich.

Wenn Sie sich flau fühlen, konzentrieren Sie sich auf den Horizont – ein Fixpunkt hilft Kopf und Magen, sich wieder auszurichten! Und, ganz wichtig, wenn Sie sich schlecht fühlen, blicken Sie niemals auf den Boden. Wenn man Gerät sortiert oder einen Knoten bindet, blickt man leicht einmal auf den

Boden des Boots. Wenn die Dünung einsetzt, fühlt man sich in weniger als einer Minute schrecklich. Wenn man also etwas Kompliziertes tut, sollte man gut aufpassen, beim Knüpfen von Knoten möglichst sorgfältig sein und dabei möglichst nach oben blicken.

Nur weil das Meer weit ist, bedeutet das nicht, dass die Fanggründe unbegrenzt sind. In vielen Gebieten sind die Fischbestände sehr gering, werfen Sie daher junge Fische immer zurück. Aber legen Sie sich auch bei den erwachse-

▲ **AUFS MEER HINAUS**
Wenn Sie vor der Küste angeln wollen, brauchen Sie ein Boot. Denn kann man große Mengen an Kabeljau, Pollack, Leng und anderen Arten fangen, die in tieferem Wasser leben.

nen Fischen Selbstkontrolle auf. Wenn man morgens beispielsweise vier Wolfsbarsche fängt, wie viele davon kann man wirklich essen? Nehmen Sie einen zum Verzehr mit und werfen Sie die restlichen drei wieder zurück. Sie schwimmen besser im Meer herum, statt in der Gefriertruhe zu vermodern.

ANGELN OHNE
GRENZEN

Angeln ohne Grenzen

DIESES KAPITEL IST FÜR SIE HOFFENTLICH EIN REINES VERGNÜGEN. ES ENTHÄLT EINEN AUSBLICK AUF WEITERE ANGELMÖGLICHKEITEN UND EINIGE ANREGUNGEN FÜR IHRE KÜNFTIGE ANGLERKARRIERE.

Der Angelsport ist ein weites Feld, und als Sport bietet er Hunderte von unterschiedlichen Möglichkeiten. Das ist für mich einer seiner größten Reize – es gibt einfach immer wieder unendlich viele neue Dinge, die man sein Leben lang und mit dem größten Vergnügen ausprobieren und lernen kann. Ich glaube kaum, dass es „den" Angelexperten wirklich gibt. Natürlich kann jemand in einem bestimmten Zweig des Angelsports sehr erfahren sein, doch das bedeutet noch lange nicht, dass er oder sie Ahnung von einer völlig anderen Angelmethode hat. Nehmen wir jemanden wie Bob Nudd, der wahrscheinlich der weltbeste Wettkampfangler ist und in einem vierstündigen Wettkampf Tausende kleiner Fische mit seiner Stipprute fängt. Wie würde er mit einem 50 Pfund schweren Lachs in einem schnellfließenden norwegischen Fluss zurechtkommen? (So wie ich Bob kenne, wahrscheinlich ziemlich gut!)

Ich rate Ihnen ganz ernsthaft, sich nicht nur auf eine Disziplin zu versteifen, sondern in möglichst viele verschiedene Arten des Angelns hineinzuschnuppern. Sehr viele Angler, und allen voran die Karpfenangler, sehen irgendwann nur noch ein Ziel. Na ja, auch ich fange natürlich gern Karpfen, aber mein ganzes Leben nur ihnen nachjagen ... sicher nicht. Ich habe viele Karpfen gefangen, auch einige große,

▲ **INDISCHES VERGNÜGEN**
Kann das Leben schöner sein ... auf einem indischen Fluss mit einem erfahrenen Führer unterwegs und der ganze Tag liegt vor einem. Tormahseere sind unser Ziel, vielleicht die härtesten Kämpfer unter den Süßwasserfischen.

doch wenn ich mich auch gerne an diese Erlebnisse erinnere, sind mir tausend andere Augenblicke ebenso wichtig.

Hoffentlich haben Sie in diesem Buch genug gelernt, um loszulegen, und es hat Sie in die richtige Richtung gelenkt. Aber wie weit kann man es wirklich treiben? Gibt es für die Freude an diesem faszinierenden Sport überhaupt Grenzen? Vielleicht möchten Sie es mit Wettkampfangeln versuchen. Sie müssen Gerät, Pose und Gewichtstaktik gleichermaßen beherrschen, müssen den Umgang mit einer 9 m langen Stipprute lernen und Ihren eigenen Köder zubereiten. Sie werden großen Kampfgeist, aber auch ein hohes Maß an Kameradschaft finden.

◄ **WETTKAMPFSZENE**
Es ist schon schwierig genug, mit den Fischen fertig zu werden, ohne sich um andere Leute zu sorgen. Doch vor allem in Europa ist das Wettkampfangeln ein wichtiger Teil der Angelszene.

Man sollte einem Verein beitreten und an kleineren Wettkämpfen teilnehmen, ehe man an größere Opens denkt. Fragen Sie um Rat und Hilfe, in einem freundlichen Verein erhalten Sie beides im Überfluss.

Oder ganz anders, möglicherweise entscheiden Sie sich für das Lachsfischen als Sport. Sie müssen mit 4,5–4,8 m langen Ruten zurechtkommen und kompliziert klingende Würfe wie den Spey- oder Halb-Spey-Wurf meistern, aber Sie werden an der körperlichen Bewegung selbst Spaß haben.

Es wird Ihnen auch an den Flüssen gefallen, in denen der Lachs lebt – breite, klare, pulsierende Wasseradern, die ihren Weg zum Meer hinabstürzen. Und die Lachse selbst haben etwas Elementares, wenn sich diese herrlichen silbernen Fische ihren Weg vom Meer zurück zu ihren Geburtsstätten bahnen, um zu laichen. Wenn Sie als Lachsangler starten wollen, dann sollten Sie den besten Angelplatz und die beste Zeit im Jahr buchen, die Sie sich leisten können, und unbedingt einen klugen und verständnisvollen Ghillie

▲ EIN METER SILBER
Norwegen, das einstige Mekka aller Lachsfischer, beweist, dass es noch immer seine Standards hält. Sicher, viele der großen Lachsflüsse hatten in den letzten Jahren Probleme, aber es gibt vermehrt Anzeichen für eine allgemeine Erholung der Bestände.

mitnehmen. Das ist ein Mann, der den Fluss genau kennt, und wenn Sie gut mit ihm auskommen, wird er sein Wissen gern mit Ihnen teilen.

Vielleicht möchten Sie auch ein ausgewachsener Meeresangler werden, der seine Freizeit vor der Küste in schaukelnden Booten unter blauem Himmel verbringt. Sie fischen dann wohl über Wracks nach Conger und Kabeljau oder treiben auf der Suche nach Hundshai und Wolfsbarsch mit den Gezeiten umher. Das Meer ist riesig und Sie brauchen eine sichere Führung, deshalb sollten Sie anfangs immer mit einem Seemann ausfahren, der sich in der Region besonders gut auskennt.

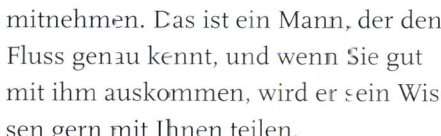

◄ FORELLEN AUF 3000 METER
Dieses Bild zeigt mich beim Forellenangeln in Kaschmir. Die Bachforellen wurden vor einem Jahrhundert von den Briten eingesetzt und haben sich in dem kalten, klaren Wasser gut vermehrt.

KRAFT EINES BULLEN

Das zeichnet einen Tormahseer aus: Schläue sowie das Herz und die Kraft eines Bullen. Dieser Fisch hier ist nicht besonders groß – sie werden bis zu 45 kg schwer –, doch selbst so einer macht Ihnen klar, dass Sie einen Tiger am Schwanz gepackt haben.

Spezialisten

Viele von Ihnen werden zu so genannten Specimen Hunters, das sind Leute, die weltweit umherreisen und nach den großen Fischen jeder Art suchen. Diese Herangehensweise erfordert im Allgemeinen stundenlanges Campieren an Seen und Flüssen, und das Angeln kann oft so lange dauern, dass die Geduld auf eine harte Probe gestellt wird. Aber man sieht dabei die atemberaubendsten Fische und erlebt herrliche Sonnenunter- und -aufgänge mit sternenklaren Nächten dazwischen. Sie werden mit der Zeit auch klugen, alten

▼ STEELHEAD-VERGNÜGEN

Mein alter Mentor Bob hält hier eine wunderschöne Steelhead hoch, die er in einem der großartigen Flüsse Britisch Kolumbiens gefangen hat.

Fischen auf die Schliche kommen und sie samt ihrer geheimnisvollen Welt bald zu schätzen wissen. Die Welt der Specimen Hunter ist manchmal recht einsam, doch es gibt überall Gruppen Gleichgesinnter.

Vielleicht hat Sie das Binden der eigenen Fliegen in den Bann gezogen – viele Leute machen sich nicht einmal die Mühe, damit zu fischen! Sie werden in die faszinierende Welt der Insektenkunde eintauchen, und Fell, Haar und Federn der unterschiedlichsten Tiere weltweit sammeln. Diese Seite des Angelsports kann sehr viel Zeit in Anspruch nehmen, doch man sollte mit den richtigen Fliegen beginnen. Belegen Sie also einen der Kurse, die überall angeboten werden.

Heute gibt es immer mehr Freaks, die verrückt nach dem Fischen mit Kunstködern sind. Man kann einer Gruppe beitreten und versuchen, von Flussbarsch bis Döbel, von Wolfsbarsch bis Meerforelle an Oberflächen-Poppern, Kleinst-Weichplastik-Ködern und anderen noch nicht entwickelten Kunstködern alles zu fangen. Diese faszinierende und verwickelte Szene ist sehr offen, weil sie so neu ist.

Vielleicht werden Sie ein reisender Angler. Wer träumt nicht von Tormahseer in Indien, Seesaibling in Grönland, Sibirischem Huchen in der Mongolei oder Steelhead-Forelle in Britisch Kolumbien? Sie werden unglaubliche Abenteuer bestehen und interessante Menschen in atemberaubender Umgebung treffen. Sie werden ein Experte im Bestimmen von Vogel- und Schmetterlingsarten und kennen sich irgendwann vielleicht sogar mit dem Trompeten eines Elefanten oder Brüllen eines Panthers aus.

▲ **STÖR!**

Das ist ein fabelhafter Beluga-Stör aus dem Kaspischen Meer. Und, ob Sie es glauben oder nicht, das war der kleinste Stör, den ich während meines einwöchigen Aufenthalts gefangen habe! Das Durchschnittsgewicht lag bei 90 kg und wir fingen sogar 180 kg schwere Exemplare.

▼ **JUWEL AUS KLAREM BACH**

Riesige Regenbogenforellen wie diese hier fängt man in den kleinen, klaren Bächen Neuseelands. Man traut oft kaum seinen Augen: Wie können diese großen Fische in so winzigen, rauschenden Bächen leben? Diese Forelle wurde, typisch für Neuseeland, mit der Trockenfliege gefangen.

Nervenkitzel

Die nahezu unbegrenzte Welt des Salzwasserangelns ist ebenfalls verlockend. Stellen Sie sich das wundervolle Erlebnis vor, im sonnengetränkten, kristallklaren Flachwasser um die Bahamas oder Seychellen zu waten und mit der Flugangel nach Bonefish (Grätenfisch) zu angeln, der gleich beim ersten rauschenden Abzug über hundert Meter Schnur ziehen kann.

Der schöne Bonefish auf dem Bild rechts ist beispielhaft für das, was ich meine. Magnus benötigte vier Tage, ehe er diesen Fisch, seinen ersten Bonefish, keschern konnte. Doch diese vier Tage waren voller Spannung. Wir hatten Bonefish gesichtet und verfolgten sie die Küste entlang. Wir hatten kleine Haie gesehen, die nahe am Ufer Schwärme plünderten. Wir sahen Barrakudas und einmal sogar einen einsamen Einsiedlerkrebs vorbeikommen – einer der großen Schätze des Meeres. Nachts hatten wir viel Spaß beim Grillen, blickten in die Sterne und sahen Motten so groß wie Untertassen am Nachthimmel umherfliegen.

Und dann schwamm dieser Bonefish nur etwa einen Meter vom Strand entfernt vorbei. Magnus kroch auf den Knien näher heran, schnippte eine kurze Schnur hinaus und schon war die Fliege im Maul. Dieser Bonefish zog gleich hundert Meter Schnur samt Nachschnur von der Rolle, bis das Gerät wirklich zu rauchen anfing. Und dann wurde er gekeschert und glitzerte in der Sonne. Die vier Tage des Beobachtens und Lernens sind großzügig vergolten worden!

▲ **EXPERTE**

Wir werden nie zu Bonefish-Anglern wie die Einheimischen. Fidel hier weiß alles über den Flachwasserbereich an der Küste, er weiß, wie die Fische sich bewegen und wie man sie fängt.

▼ **FLINKHEIT ZÄHLT**

Amos ist der flinkeste Angler, er kann sich auf der Suche nach Bonefish-Schwärmen unglaublich schnell und ruhig durch das seichte Wasser bewegen.

▶ **KRAFTKERL**

Kaum zu glauben, aber dieser 3,6 kg schwere Bonefish zog die ganze Fliegenschnur mitsamt der Nachschnur ab, und der Angler musste ihm sogar noch ins Flachwasser hinterher rennen. Es ist wirklich erstaunlich, dass so kleine Fische die Rollen mit solcher Kaltblütigkeit leeren ..., aber sie tun's einfach.

▲ **FRISCH GEWAGT ...**
Wenn man das Beste will, was unsere Anglerwelt
zu bieten hat, muss man manchmal wirklich weit
dafür gehen – selbst wenn es bedeutet, dass man
eine schwingende Hängebrücke überqueren muss!

▼ **WUNDERSCHÖNE WELT**
Der Morgennebel steigt über der einsamen Fluss-
ebene auf, und ich weiß, dass der Fluss voller
Fische ist. Noch so eine Erfahrung aus der Schatz-
truhe meiner Angelerinnerungen.

Tipps für die Auslandsreise

Lesen Sie alles über den Ort, den Sie besuchen wollen, und wenn möglich, reden Sie mit Experten. Ziehen Sie eine Gruppenreise mit einem erfahrenen Führer oder von einem Spezialveranstalter in Betracht. Man bezahlt mehr, doch die Chancen auf Erfolg sind wesentlich höher.

Sparen Sie nicht bei Kleidung oder Ausrüstung. Sie wollen doch nicht die Reise Ihres Lebens gefährden. Nehmen Sie soviel Ausrüstung mit, wie Sie voraussichtlich benötigen, und dann noch etwas mehr! Es kann ziemlich unwahrscheinlich sein, dass sich im Umkreis von 1500 km um die Fischgründe ein Angelgeschäft befindet.

Überprüfen Sie alle nötigen Visa und Impfungen. Wenn nötig, nehmen Sie für die vorgeschriebene Zeit Malaria-Tabletten. In wärmeren Ländern, und wenn Sie viel zu Fuß gehen, sollten Sie daran denken, genug zu trinken. Tragen Sie in den Tropen immer eine Kopfbedeckung.

Vergessen Sie nicht, dass wilde Fische schneller gestresst sind als die im heimischen Parkteich. Man sollte sie stets mit größtmöglichem Respekt behandeln.

Als Abschiedgeschenk für Ihre Führer eignet sich Kleidung oft besser als Geld. Wenn man Medikamente zurücklässt, sollte man sicherstellen, dass Anwendung und Dosierung hundertprozentig klar sind.

In den berühmten Angelrevieren der Welt zu angeln, ist ein Privileg, ob man etwas fängt oder nicht – also genießen Sie jeden wertvollen Augenblick.

▶ **SIBIRISCHER HUCHEN – DAS LÖWENHERZ**
Man könnte das Buch nicht besser beenden als
mit diesem Bild des mächtigen Sibirischen
Huchen, dem edlen Binnenlachs Zentral- und
Ostasiens. Außerdem sind es zwei meiner besten
mongolischen Freunde, Gamba und Batsukh, die
diesen großartigen Fisch halten – zwei Burschen,
die mir während meiner Reisen dort mehr gehol-
fen haben, als ich es je auszudrücken vermag.

Die wichtigsten Knoten

JEDER ANGLER MUSS EINE REIHE VON KNOTEN BINDEN KÖNNEN. KNOTEN WERDEN ZUM SICHERN DER SCHNUR AN DER ROLLE VERWENDET UND MAN KNÜPFT DAMIT HAKEN ODER KÖDER AN DIE SCHNUR. OBWOHL ES TAUSENDE VERSCHIEDENER KNOTEN GIBT, GENÜGEN FÜR FÜR DEN ANFANG DIE UNTEN GEZEIGTEN KNOTEN.

Bloodknoten

Der Bloodknoten dient allgemein als Verbindung von Haken und Schnur. Mit einer Nylonschnur ausgeführt, löst sich dieser Knoten so gut wie nie.

▲ **SCHRITT 1**

Das lose Ende der Schnur durch die Hakenöse fädeln.

▲ **SCHRITT 2**

Das lose Ende unter der Schnur durch und zurückführen, damit eine Schlaufe entsteht.

▲ **SCHRITT 3**

Wie in Schritt 2 fortfahren, bis ungefähr vier Wicklungen entstanden sind.

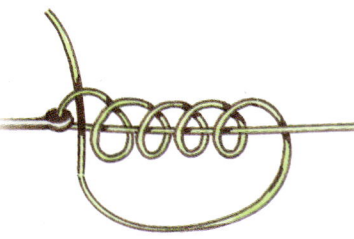

▲ **SCHRITT 4**

Das lose Ende zwischen Öse und erster Schlaufe hindurchführen.

▲ **SCHRITT 5**

Das lose Ende straffen, um den Knoten anzuziehen. Das überstehende Ende stutzen.

Doppelter Überhandknoten

Dieser Knoten kann dafür benutzt werden, um am Ende einer Fliegenschnur eine Schlaufe zu binden, an der ein Vorfach befestigt wird.

▲ **SCHRITT 1**

Zunächst das Ende der Schnur doppelt nehmen.

▲ **SCHRITT 2**

Als nächstes mit der gedoppelten Schnur einen Knoten binden.

▲ **SCHRITT 3**

Das Ende der gedoppelten Schnur nochmals durch die Schlaufe ziehen.

▲ **SCHRITT 4**

Zuletzt den Knoten so fest wie möglich anziehen und das Ende zurecht stutzen.

Buchtknoten

Dieser Knoten ähnelt dem doppelten Überhandknoten. Wenn das Ende nicht abgeschnitten wird, kann man mehrere Schlaufen wickeln, an denen man z.B. Makrelenfliegen befestigt.

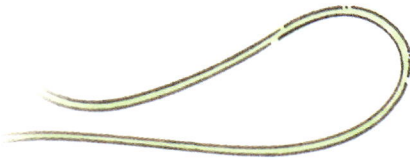

▲ **SCHRITT 1**

Das Ende der Schnur doppelt nehmen (das nennt man Bucht).

▲ **SCHRITT 2**

Das doppelte Ende einmal um die Schnur legen.

▲ **SCHRITT 3**

Dann das doppelte Schlaufenende durch die Wicklung zurückführen.

▲ **SCHRITT 4**

Den Knoten straffziehen. Zum Schluss das Schnurende stutzen.

Wasserknoten

Der Wasserknoten dient dazu, zwei Schnüre miteinander zu verknüpfen, wenn man z.B. ein leichteres Vorfach mit der Hauptschnur verbinden will. Der Knoten kann auch eine zurückgleitende Perle aufhalten und beim Bebleien nützlich sein.

SCHRITT 1

Die Enden der Schnüre nebeneinander legen, sodass sie etwa 15 cm weit überlappen.

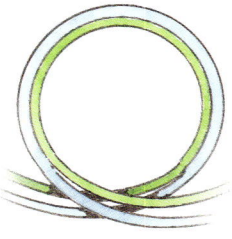

SCHRITT 2

Beide Schnüre aneinander halten und eine weite Schlaufe formen.

SCHRITT 3

Die Enden der Schnur viermal durch die weite Schlaufe führen. Dabei die beiden Schnüre unbedingt aneinander halten.

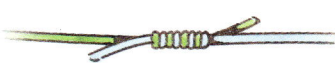

SCHRITT 4

Die Schnüre straffen, sodass die Schlaufe einen Knoten bildet. Beide Enden stutzen.

Doppelter Bloodknoten

Auch dieser Knoten verbindet zwei Schnüre. Wie beim Wasserknoten beginnt man auch hier mit dem Überlappen der beiden Schnurenden.

SCHRITT 1

Ein Ende viermal um die andere Schnur wickeln. Dann das Ende zwischen den beiden Schnüre hindurchführen.

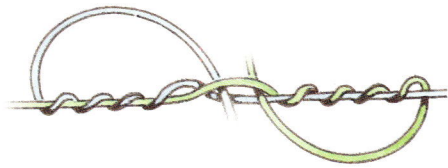

SCHRITT 2

Mit dem anderen Schnurende den Vorgang wiederholen. Dabei beachten, dass die bisherige Wicklung sich nicht löst.

SCHRITT 3

Den Knoten befeuchten, um ihn gleitfähig zu machen, und festzurren. Die überstehenden Enden abschneiden.

Nadelknoten

Der hier gezeigte Nadelknoten kann benutzt werden, um stabiles Monofil an einer Flugschnur anzubringen.

SCHRITT 1

Eine erhitzte Nadel in das Ende der Flugschnur stecken, bis sie ca. 6 mm weiter hinten austritt.

SCHRITT 2

Die Nadel entfernen, wenn sie abgekühlt ist. Das Monofil durch die Flugschnur fädeln und sie fünfmal umwickeln. Das Ende nach vorn bringen und gegen die Schnur halten.

SCHRITT 3

Nun die große Schlaufe nehmen und sie mehrmals um die Fliegenschnur wickeln, sodass das Monofil darunter liegt.

SCHRITT 4

▲ *Das Monofil aus beiden Richtungen festziehen. Wenn der Knoten gut sitzt, strafft man nochmals das Monofil.*

Flechtschnurschlaufe

Obwohl manche Fliegenschnüre zur Befestigung des Vorfachs mit Schlaufen aus geflochtenen Schnüren versehen sind, ist es einfach, selbst eine zu binden.

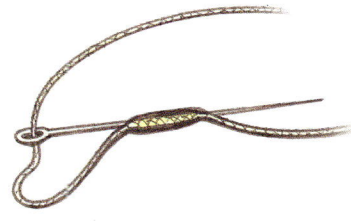

SCHRITT 1

Eine Nadel mit großem Öhr in die Flechtschnur schieben. Schnurende durch das Öhr fädeln.

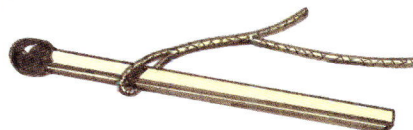

SCHRITT 2

Die Nadel durch die Flechtschnur ziehen, bis das Schnurende austritt. Ein Streichholz verhindert ein Zuziehen der Schlaufe.

SCHRITT 3

Die Größe der Schlaufe bestimmen. Das lose Ende abschneiden, bis es glatt anliegt und dann mit wasserfestem Sekundenkleber versiegeln.

Register

Kursiv gedruckte Ziffern verweisen auf Abbildungen

Danksagung

Zuerst danke ich Mike Taylor vom Red Lion Hotel, Peter Smith vom Caer Beris Manor Hotel und Mike Smith von den Bure Valley Fisheries für all ihre Hilfe beim Fischen, Filmen und Fotografieren.

Vor allem möchte ich Johnny Jensen aus Kopenhagen von tiefstem Herzen für seine jahrelange Unterstützung als Reisegefährte und ausgezeichneter Fotograf danken, der mir seine Dias großzügigerweise zur Verfügung gestellt hat.

Ich möchte auch erwähnen, wie sehr ich die Freundschaft, Hilfe und den Rat des exzellenten Kameramanns Martin H. Smith zu schätzen weiß. Sein Beitrag zur Unterwasserfotografie in diesem Buch war äußerst hoch.

Auch möchte ich Steve Gorton für seine ruhige Professionalität als Fotograf vor Ort danken, und Jo Hemmings, deren Fähigkeit zur Motivation und Inspiration dieses Buch möglich gemacht hat.

Danke auch an Peter und Rafa für all ihre Hilfe in Spanien, Batsukh und Gamba für ihre Kameradschaft in der Mongolei sowie an Pers, Hakan und die dänische Crew in Skandinavien.

Schließlich gilt mein Dank noch Andy Ashdon für die Gestaltung des Buches und Carol Selwyn für die Organisation meines Tagesablaufs sowie dafür, dass ich klar im Kopf blieb!